SOLVENCIA FINANCIERA

LIBRO DE EJERCICIOS

LAS POSICIONES OFENSIVAS, DEFENSIVAS Y CENTRALES DE LA ECONOMÍA PERSONAL

Derechos de autor © 2013 de LIFE Leadership

Todos los derechos reservados. No se podrá reproducir ninguna parte de este libro, ni transmitirse, de ninguna forma y por ningún medio, tanto electrónico como mecánico, incluidas las fotocopias y las grabaciones, o mediante un sistema de almacenamiento y recuperación de información, sin el consentimiento escrito de Obstaclés Press. Cualquier consulta debe ser remitida a la editorial.

Obstaclés Press y el logotipo de Obstaclés son marcas registradas de LIFE Leadership.

Editado por:
Obstaclés Press
200 Commonwealth Court
Cary NC 27511

Visite nuestro sitio web:
lifeleadership.com

ISBN: 978-0-9913474-3-8

Primera edición, junio de 2013
10 9 8

Diseño del libro de Norm Williams, nwa-inc.com
Impreso en los Estados Unidos de América

PARTE I

ASPECTOS BÁSICOS

«ESTA ES UNA PELOTA DE FÚTBOL».

CAPÍTULO UNO

¿Por qué algunos tienen mucho dinero, mientras que otros viven luchando con su situación económica?

Utilice el libro *Solvencia* para llenar los espacios en blanco.

La solvencia, al igual que la aptitud física, requiere de dos cosas: _____ qué hacer y tomar _____ para hacerlo.

La razón por la que algunas personas tienen suficiente _____ , mientras que otras viven luchando con su economía, es simplemente que unas han aprendido los principios de _____ _____ y los aplican de forma consistente en su vida diaria... mientras que otras, no.

PRINCIPIO 1: Lo que determina el éxito económico no es lo que genera sino lo que conserva. Invierta primero en usted y ahorre lo invertido.

¿Cómo va a aplicar este principio en su vida?
_____
_____

CAPÍTULO DOS

Determinar cuál es el verdadero significado del dinero para usted y por qué es importante ser solvente

Gane _____ para hacer posibles sus _____ y desarrollar su cometido.
¡Comience con lo _____!
¿Qué haría usted para _____ el _____ si pudiera hacerlo?

PRINCIPIO 2: El dinero es un don. Tiene un uso específico. Esto significa que usted tiene un cometido. Debe usar su dinero para algo importante, para su familia y otras cosas.

¿Cómo va a aplicar este principio en su vida?
_____
_____

Imagínese que usted acaba de heredar USD 10 millones de un pariente lejano. ¿Qué haría? Piense en las siguientes preguntas y anote las cosas que ahora sería capaz de hacer.
_____
_____

¿Qué va a hacer con su trabajo o su carrera?
_____
_____

¿En qué invertirá su tiempo todos los días?
_____
_____

¿Qué quiere hacer por el resto de su vida?
_____
_____

Algunas personas piensan que renunciarían al trabajo y mirarían televisión, pero, para los pocos que han podido realmente hacer esto, esta actitud ha demostrado ser frustrante. Entonces, en serio, ¿qué querría hacer en los próximos años?
_____
_____

¿Quiere seguir en su carrera actual? ¿Probar otra? ¿Crear un negocio? ¿Desarrollar uno que ya tiene?
_____
_____

¿Con quiénes quiere pasar más tiempo?
_____
_____

¿Qué quiere hacer con ellos? Es una pregunta con demasiada importancia porque lo ayudará a saber qué es lo que siente ahora.
_____
_____

En tercer lugar, ¿qué quiere aprender, experimentar o hacer? ¿Quiere viajar, aprender a tocar un instrumento, hablar otro idioma, comenzar estudios superiores o abocarse a algún interés? ¿Quiere ganar mucho más dinero? Haga una lista.
_____
_____

En cuarto lugar, ¿cómo usaría parte de su dinero en el costado religioso de su vida?
_____
_____

¿Y en lo que tiene que ver con la familia?
_____
_____

¿Y con la diversión?
_____
_____

¿Y con la libertad?
_____
_____

Finalmente, ¿adónde quiere donar parte de su dinero? ¿A un hospital, una escuela, una iglesia u otro lugar? Esto también lo ayudará a saber qué es lo que siente y qué quiere hacer para mejorar el mundo.
_____
_____

Esta es una cuestión más profunda: ¿Qué cambiaría en el mundo si pudiera hacerlo?
_____
_____

El sueño y el miedo

Los principios de la solvencia son simples, pero no son fáciles. Conocer las razones *por las que* quiere ser solvente lo ayudará a mantenerse motivado. La gente encuentra sus motivos en el placer o en el dolor (el «sueño» o el «miedo»). A fin de tener una idea clara en su mente de lo que quiere exactamente para poder concentrarse en su sueño, visión y propósito de vida, a veces puede ser útil tener en cuenta lo que le gustaría evitar: las consecuencias negativas, o los «miedos», de ser «fláccido» en términos económicos. A continuación, enumere las consecuencias negativas, o «miedos», que le gustaría evitar y, luego, úselos para crear principios que se correspondan con su visión de vida. Por ejemplo, si quiere evitar tener una mala situación crediticia y lidiar con los acreedores que lo llaman y le escriben todo el tiempo porque no es capaz de continuar con sus pagos, su testimonio soñado podría ser algo así como: «Tengo una situación crediticia perfecta y siempre pago mis cuentas a tiempo».

El Miedo
1. _____
2. _____
3. _____
4. _____
5. _____
6. _____
7. _____
8. _____
9. _____
10. _____

El sueño
1. _____
2. _____
3. _____
4. _____
5. _____

6. _____
7. _____
8. _____
9. _____
10. _____

¿Cuáles Son Sus Prioridades?

Coloque las siguientes categorías en el orden personal de sus prioridades:

Pasatiempos/Diversión		Familia extendida	Economía	Dios/Fe
Trabajo	Amigos	Salud/Aptitud física	Sus hijos
Su país	Ayudar a otros	Su cónyuge	Su comunidad local

1. _____
2. _____
3. _____
4. _____
5. _____
6. _____
7. _____
8. _____
9. _____
10. _____
11. _____
12. _____

Vuelva a ver su calendario del último mes. Al lado de cada punto anterior, anote el tiempo aproximado dedicado a esa prioridad.

¿Se alinea con sus prioridades el tiempo que le dedicó a cada categoría? ¿En qué áreas usted quiere concentrar más de su tiempo?

_____
_____

¿Qué obstáculos le impiden aplicar concentrarse adecuadamente y dedicarles tiempo suficiente a sus prioridades?

_____
_____

Si usted tuviera una gran fuente continua de ingresos pasivos, ¿qué cambiaría en cuanto al tiempo y la concentración dedicadas a sus prioridades?

_____

_____

CAPÍTULO TRES

Cómo Empezar a Ser Solvente

En lugar de sólo realizar lecturas _____, usted debe convertirse en un lector _____. No alcanza con entender un principio; usted debe _____ en su vida diaria.

El primer número uno para invertir en usted mismo primero es abrir una cuenta de ahorros. Si ya tiene una, abra otra para este fin. Esta cuenta debe ser sagrada, ya que creará el capital que necesita para que, con el tiempo, pueda pasar de la supervivencia al éxito.

Objetivo: Voy a abrir mi cuenta de ahorros para _____.
                                                              (fecha)
Completado: _____ .
                          (fecha)

El paso dos consiste en crear un plan para agregar dinero de forma sostenida a esta cuenta. Desde ahora, cada vez que le paguen, transfiera un 10 % de sus ingresos a esta cuenta. Solo es un 10 %, pero aumentará sus ahorros y valor neto más rápido de lo que pueda creer.

Tal vez dude que pueda pagar todas sus cuentas si está dejando de lado el 10 % de sus ingresos, pero nunca hemos visto a nadie que no lo haya logrado. Hemos visto a personas reducir su cuenta del cable, las compras de gaseosas, así como hacer un montón de otras cosas para incrementar sus ahorros.

Si quiere que su economía cambie, usted deberá transformarla. Estos dos pasos marcarán la diferencia en su vida económica y lo pondrán en camino a la solvencia.

Objetivo: Voy a empezar a invertir automáticamente el 10 % de mis ingresos en USTED, Inc. Cuenta de ahorros, según la Jerarquía de Inversión, para _____.
                    (fecha)
Completado: _____ .
                          (fecha)

Su Visión a Largo Plazo

Ahora que tiene una nueva cuenta de ahorros y un plan para hacerla crecer cada vez que cobre, ¿cómo está aplicando el Principio 2? Específicamente, ¿cuál es su cometido?

_____

_____

¿Cuál es su misión en la vida?

_____

_____

¿Cuáles son su visión y su sueño a largo plazo?

_____

_____

¿Qué quiere hacer con el cometido de su vida?

_____

_____

¿Cuánto dinero necesitará para realizar efectivamente todos sus sueños y planes?

USD _____

Tómese el tiempo de responder estas preguntas por escrito. A diferencia del ejercicio imaginario sobre heredar USD 10 millones del comienzo de este libro, esta vez sus respuestas a las preguntas son sobre la realidad. Esta es su vida. ¿Qué quiere hacer con ella?

Tómese en serio su cometido y escriba sus respuestas por completo a las preguntas anteriores. Escriba su visión y sueño su a largo plazo. Es importante. Saber cuál es su cometido, su forma de ayudar a su familia y su comunidad, es una parte esencial de la solvencia. Saber qué quiere hacer con su vida y cuánto dinero quiere y necesita para lograr sus metas es una parte vital de poner su economía en orden.

Si no tiene visión a largo plazo, naturalmente malgastará su dinero. Las personas exitosas tienen un plan económico por escrito. Queremos que usted sea exitoso en lo económico, así que escriba su visión.

¿Qué quiere hacer? ¿En qué quiere gastar su dinero? ¿Cuánto dinero quiere gastar en su cometido, en ayudar? Haga un esfuerzo real y tómese el tiempo de escribir sus respuestas.

Hay tres cosas que puede hacer con el dinero:
1. Adquirir (cosas).
2. Lograr (éxitos y sueños).
3. Contribuir (a causas y a personas que lo necesitan).

Continúe con este ejercicio de definir los sueños y los objetivos a continuación. Esto es serio, ¡pero también puede ser divertido!

Las cosas que usted desea adquirir:

Si todos los automóviles costaran sólo USD 1, ¿qué tipos compraría usted? Sea específico (modelo, color, año, etcétera).

1. _____
2. _____
3. _____
4. _____
5. _____

Si pudiera viajar a cualquier lugar y quedarse todo el tiempo que quisiera, ¿adónde iría?

1. _____
2. _____
3. _____
4. _____
5. _____

¿Cuáles son los atributos de la casa de sus sueños (el estilo, el tamaño, la ubicación, el terreno, etcétera)?

1. _____
2. _____
3. _____
4. _____
5. _____

¿Qué otros «juguetes» (barcos, vehículos, armas, artefactos, ropa, accesorios, etcétera) quiere?

1. _____
2. _____
3. _____
4. _____
5. _____

Los objetivos y los sueños que le gustaría lograr:

¿Cuánto dinero quiere tener en su cuenta de ahorros?

USD _____

¿Qué edad quiere tener cuando sea capaz de retirarse o de trabajar por opción?

_____

_____

¿Cuánta deuda quiere tener?

USD _____

¿En qué pasatiempos quisiera invertir más tiempo y dinero?

_____

_____

¿Qué tipo de aventuras le gustaría vivir? (Ejemplos: competir en la carrera Baja 1.000, navegar por el mundo, bucear en una jaula con tiburones blancos, obtener la licencia de piloto, viajar en motocicleta a través de los 107 pueblos de la Toscana, etcétera).

_____

_____

¿A quién le gustaría conocer?

_____

_____

¿Para aprender y estudiar qué cosas le gustaría tener más tiempo?

_____

_____

Formas en las que usted desea contribuir a causas y a personas necesitadas:

¿A qué organizaciones de beneficencia le gustaría contribuir más tiempo y dinero?

_____

_____

¿En qué actividades le gustaría tener más tiempo y dinero para pasar con su familia?
_____
_____

¿Qué causas le gustaría ver profundizadas con la ayuda de su tiempo y dinero?
_____
_____

Complete estos últimos renglones con otros sueños. Siéntase libre de escribir más en otra hoja.

1. _____
2. _____
3. _____
4. _____
5. _____

*Actividades:

Pase tiempo «construyendo sueños» con amigos y familiares. Salga y vea, toque, huela y experimente todos sus diferentes sueños. Haga una prueba de conducir en los automóviles antes mencionados. Haga un recorrido por los hogares y propiedades que escribió antes. Mire folletos e imágenes en línea de todos sus sueños. Cree una tabla de sueños y visiones. Consiga un pedazo grande de cartulina y coloque fotos de diferentes sueños y objetivos que le gustaría alcanzar. Internet y las revistas son excelentes recursos de fotografías. Coloque la cartulina en algún lugar prominente en su hogar, donde usted pueda verla con frecuencia todos los días. Si usted está casado o tiene hijos, conviértalo en un proyecto familiar. Cree una tabla para cada integrante de la familia y una compartida para toda el grupo familiar.

Estas actividades no solo son muy divertidas, sino que también ayudarán a consolidar la visión que tiene en mente, servirán como recordatorios de aquello por lo que está trabajando y alertarán todos los sentidos y el subconsciente para trabajar con toda la fuerza hacia el éxito. La magnitud de su hambre de éxito económico seguirá aumentando.

CAPÍTULO CUATRO

Más información sobre cómo comenzar a ser solvente

PRINCIPIO 3: Viva de acuerdo a sus medios. Siempre. Sin excepciones. Punto final. Siga un buen presupuesto. Que cada uno de los cónyuges cuente con una pequeña suma de dinero discrecional para no tener que cuestionarse mutuamente por pequeñas cosas.

Tómese el tiempo de revisar todos los formularios de administración económica incluidos en este libro para tener un plan.

Compre una caja de sobres tamaño oficio para el sistema de sobres en efectivo.

Si descubre que le cuesta seguir un presupuesto, busque ayuda de un buen asesor económico para que lo ayude a organizarse.

PRINCIPIO 4: Deje de recibir consejos económicos de personas que están en bancarrota; recíbalos de aquellos cuya economía usted desea emular.

La lista

Ahora, tómese unos minutos y haga una lista de las personas a quienes ha escuchado en temas económicos. Incluya familiares, amigos, docentes influyentes, etcétera.

_____   _____
_____   _____
_____   _____
_____   _____
_____   _____

Una vez que haya completado la lista, tache (con un bolígrafo o un lápiz) a las personas cuya economía no desee emular y encierre en un círculo a las que sí.

De ahora en adelante, considere todo consejo económico con ese mismo criterio. Conserve esta lista y agregue a las otras personas que le ofrezcan consejos económicos.

Prepárese para el futuro

PRINCIPIO 5: Realice un presupuesto de manera coherente y ahorre de cara a gastos inesperados.

A continuación, agregue un fondo de emergencias a su presupuesto. Su fondo de emergencia es el nivel dos de la Jerarquía de inversión en USTED, Inc. Desarrolle la disciplina de invertir en usted primero y respetar la jerarquía. Necesita llegar a los USD 1.000 en esta cuenta tan pronto como sea posible. ¡Necesita hacerlo *rápido*, hoy mismo! Venda su colección de tarjetas, organice una venta de garaje, saltéese comidas, trabaje horas extra, saque nieve de un camino de entrada o córtele el césped a otra persona. ¡Haga todo lo que sea necesario para llegar a esa meta con rapidez! Lo ayudará a superar algunos obstáculos que surjan en el camino. Tener USD 1.000 también lo ayudará con naturalidad a empezar a pensar de otra manera y a ver la economía desde una perspectiva más segura.

La ley de Murphy predice que siempre surgirán gastos inesperados. Aun si no cree en esta ley, es un buen consejo estar listo para lo inesperado. El perro quizás se enferme (seguro por haberse comido tantas tareas), la casa quizás necesite reparaciones importantes, un pequeño accidente quizás lo obligue a reparar el automóvil o quizás deba reemplazar su transmisión.

Considere por adelantado estos gastos y otros parecidos. Le sugerimos que abra otra (sí, otra) cuenta de ahorros y ponga el 10 % de cada cheque de ingresos o transferencia que reciba en este fondo de ahorro para emergencias. Luego, cuando se rompe la lavadora, se inunde todo el sótano y se arruine el equipaje justo antes del gran viaje familiar, estará listo para responder con sin muchas dificultades.

Nadie quiere tener esos gastos inesperados, pero las emergencias son inevitables. Sin embargo, quienes cuentan con un fondo de emergencias lidian con ellas con muy poco esfuerzo y preocupación. Estar preparados nos brinda paz mental en momentos de necesidad. Y tener una cuenta especial para ese solo fin evitará que lo gaste con frivolidad.

Objetivo: Voy a tener, por lo menos, USD 1.000 en mi fondo de emergencias para el _____.
(fecha)

Completado: _____.
(fecha)

El hecho que los incidentes no ocurren todos los meses no significa que sean situaciones de emergencia. El fondo de emergencia es solo para EMERGENCIAS. Determine si cada elemento de la lista que sigue es una verdadera emergencia:

Verdadera emergencia	No es una emergencia	
☐	☐	Regalos de navidad.
☐	☐	Vacaciones.
☐	☐	Neumáticos nuevos y aceite o lubricante para el automóvil.
☐	☐	Ropa para volver a la escuela.
☐	☐	Visitas anuales al médico o al dentista.
☐	☐	Leña para la chimenea.
☐	☐	Útiles escolares para usted y para los niños.
☐	☐	Nuevo sofá de cuero en oferta.
☐	☐	Uniforme o equipo para el niño que juega un deporte o participa en otras actividades extracurriculares.

Respuestas:

Ninguna de estas son verdaderas emergencias. Estas deben ser planificadas como parte de su presupuesto. Los objetos se desgastan. La Navidad llega todos los años en la misma fecha. Si usted no puede planificar, usted planea fallar.

Formularios de administración económica

Introducción

¡Aquí es donde comienza el maravilloso mundo de la administración del ingreso de efectivo! Lo sabemos, lo sabemos: está tan emocionado. Ahora bien, si no suele ser una persona detallada, puede parecerle un poco intimidante al principio, pero no se preocupe. Vamos a explicarle esto paso a paso.

Al completar solo algunos formularios, su nuevo plan económico comenzará a desarrollarse ante sus ojos. También comenzará a identificar las áreas problemáticas y aprender cómo tapar los agujeros de los gastos innecesarios. ¡Usted experimentará una nueva sensación de poder al decidir exactamente adónde tiene que ir!

La primera vez que complete estos formularios puede tardar un poco. También puede tener que enfrentarse a la brutal realidad de los malos hábitos que lo llevaron a este punto. Sin embargo, después de esta primera puesta en marcha, mejorará sin parar hasta que la administración de sus ingresos en efectivo sea algo automático.

Complete todo el conjunto de formularios para empezar. Luego, solo tendrá que completar el «Plan mensual de ingresos de efectivo» (presupuesto) una vez al mes. Este proceso solo durará unos treinta minutos al mes una vez que se acostumbre. También le convendrá actualizar todos los formularios cada pocos meses o cuando experimente un dramático acontecimiento económico, ya sea positivo o negativo (como recibir un bono inesperado o tener que pagar una gran cuenta por la reparación del automóvil).

El primer formulario es una lista de las partes principales de un plan económico. Lo ayudará a establecer un plan de acción para ponerse manos a la obra. Este formulario también es un contrato personal con usted. Lo ayudará a alcanzar la mentalidad de un vencedor, y no de una víctima. Asuma toda la responsabilidad de su economía. Llene el formulario y comprométase con su futuro. Después de eso, los formularios lo ayudarán a obtener una imagen clara de su situación y también le permitirán prepararse para su Plan mensual de ingresos en efectivo (presupuesto).

¿Está listo? ¡Vamos a mostrarles a esos dólares quién es el jefe!

Plan de acción económica

	Acciones necesarias	Fecha meta	Fecha en que se cumplió
Plan mensual escrito de ingresos en efectivo	Complete el primer presupuesto	AHORA	1 de mayo
Plan de reducción de la deuda	Comienzo de reestructuración de la deuda	15 de mayo	
Plan de exenciones impositivas	negocio comenzado, conocer al contador certificado	1 de junio	
Fondo de ahorro para emergencias	abrir cuenta de ahorro	3 de mayo	
Fondos de ahorro a largo plazo	abrir cuenta de ahorro	1 de agosto	
Donaciones caritativas o dar el diezmo	empezar a dar el diezmo	15 de mayo	
Tabla de sueños o visión	plan con la familia	10 de mayo	
Desarrollo personal	iniciar un programa	30 de mayo	
Iniciar mi negocio	hecho	NA	NA
Enseñarles a mis hijos	planificar con la esposa	15 de junio	
Preparación para la supervivencia Planificación	planificar con la esposa	5 de mayo	
Seguro de vida	hecho	NA	NA
Seguro de salud	hecho	NA	NA
Seguro de incapacidad	NA	NA	NA
Seguro de automotor	comprobar los detalles de las pólizas actuales	Esta semana	
Seguro de propiedad	comprobar el costo del repuesto	Esta semana	
El testamento y las bienes raíces Planificación	organizar una cita con el abogado	1 de julio	

Yo (Nosotros), _____Fred y Martha Snodgrass_____, (a) adulto(s) responsable(s), por la presente prometo(emos) asumir la plena responsabilidad de mi (nuestro) futuro económico y realizar las acciones mencionadas en las fechas estipuladas para asegurar el bienestar de mi (nuestra) familia y yo mismo (nosotros mismos).

Firmado: _____*Fred Snodgrass*_____ Fecha: _____1 de mayo_____

Firmado: _____*Martha Snodgrass*_____ Fecha: _____1 de mayo_____

Plan de acción económica

	Acciones necesarias	Fecha meta	Fecha en que se cumplió
Plan mensual escrito de ingresos en efectivo			
Plan de reducción de la deuda			
Plan de exenciones impositivas			
Fondo de ahorro para emergencias			
Fondos de ahorro a largo plazo			
Donaciones caritativas o dar el diezmo			
Tabla de sueños o visión			
Desarrollo personal			
Iniciar mi negocio			
Enseñarles a mis hijos Preparación para la supervivencia Planificación			
Seguro de vida			
Seguro de salud			
Seguro de incapacidad			
Seguro de automotor			
Seguro de propiedad El testamento y las bienes raíces Planificación			

Yo (Nosotros), _____, (a) adulto(s) responsable(s), por la presente prometo(emos) asumir la plena responsabilidad de mi (nuestro) futuro económico y realizar las acciones mencionadas en las fechas estipuladas para asegurar el bienestar de mi (nuestra) familia y yo mismo (nosotros mismos).

Firmado: _____ Fecha: _____

Firmado: _____ Fecha: _____

Declaración de valor neto

Artículo	Valor	-	Deuda	=	Participación en la propiedad
Bienes raíces	USD 150.000		USD 165.000		-USD 15.000
Bienes raíces					
Automóvil _Furgoneta_	USD 15.000		USD 7.000		USD 5.000
Automóvil _Camión_	USD 7.000		USD 2.000		USD 5.000
Efectivo disponible	USD 500				USD 500
Cuenta corriente	USD 2.500				USD 2.500
Cuenta corriente					
Cuenta de ahorros	USD 1.700				USD 700
Cuenta de mercado monetario	USD 1.800				USD 1.800
Fondos mutuos					
Plan de jubilación	USD 3.200				USD 3.200
Oro o plata	USD 2.100				USD 2.100
Valor en efectivo de seguro					
Artículos para el hogar	USD 7.500				USD 7.500
Joyería					
Antigüedades					
Barco					
Casa Rodante					
Deuda de tarjeta de crédito (negativa)			USD 13.000		-USD 13.000
Deuda no garantizada (negativa)					
Otro _Escritorio de madera enchapada_	USD 100		USD 400		-USD 300
Otro					
Otro					
Otro					
Total:	USD 191.400		USD 187.400		USD 4.000

Declaración de valor neto

Artículo	Valor	− Deuda	= Participación en la propiedad
Bienes raíces _____	_____	_____	_____
Bienes raíces _____	_____	_____	_____
Automóvil _____	_____	_____	_____
Automóvil _____	_____	_____	_____
Efectivo disponible	_____	_____	_____
Cuenta corriente	_____	_____	_____
Cuenta corriente	_____	_____	_____
Cuenta de ahorros	_____	_____	_____
Cuenta de mercado monetario	_____	_____	_____
Fondos mutuos	_____	_____	_____
Plan de jubilación	_____	_____	_____
Oro o plata	_____	_____	_____
Valor en efectivo de seguro	_____	_____	_____
Artículos para el hogar	_____	_____	_____
Joyería	_____	_____	_____
Antigüedades	_____	_____	_____
Barco	_____	_____	_____
Casa Rodante			
Deuda de tarjeta de crédito (negativa)	_____	_____	_____
Deuda no garantizada (negativa)	_____	_____	_____
Otro _____	_____	_____	_____
Otro _____	_____	_____	_____
Otro _____	_____	_____	_____
Otro _____	_____	_____	_____
Total:	_____	_____	_____

Fuentes de ingresos

Fuente	Cantidad	Fecha
Salario 1	USD 3.200	Primero del mes
Salario 2	USD 900	el 1 y el 15: USD 450 cada uno
Salario 3		
Bonos		
Negocios	USD 1.150	18 del mes
Pensión		
Ingreso en dividendos		
Regalías por el uso de marcas registradas		
Rentas		
Empleos secundarios	USD 75	promedio por mes
Pensión alimenticia		
Manutención de menores		
Desempleo		
Seguridad social		
Pensión		
Anualidad		
Ingresos por incapacidad		
Regalos en efectivo		
Fondo fiduciario		
Otro_____		
Otro_____		
Otro_____		
Total:	USD 5.325	

Fuentes de ingresos

Fuente	Cantidad	Fecha
Salario 1	_____	_____
Salario 2	_____	_____
Salario 3	_____	_____
Bonos	_____	_____
Negocios	_____	_____
Pensión	_____	_____
Ingreso en dividendos	_____	_____
Regalías por el uso de marcas registradas	_____	_____
Rentas	_____	_____
Empleos secundarios	_____	_____
Pensión alimenticia	_____	_____
Manutención de menores	_____	_____
Desempleo	_____	_____
Seguridad social	_____	_____
Pensión	_____	_____
Anualidad	_____	_____
Ingresos por incapacidad	_____	_____
Regalos en efectivo	_____	_____
Fondo fiduciario	_____	_____
Otro_____	_____	_____
Otro_____	_____	_____
Otro_____	_____	_____

Total: _____

Planificación de pagos periódicos

Hay muchos tipos de pagos comunes y recurrentes que no surgen todos los meses. Es importante esperarlos y prepararse, en vez de tratarlos como emergencias cuando llegan. Calcule el monto anual de cada artículo y divídalo por doce para determinar cuánto debe ahorrar cada mes en su presupuesto para cubrir estos gastos.

Artículo	Importe anual		Monto mensual
Reparaciones en el Hogar/ mantenimiento	USD 1.500	/ 12 =	USD 125
Seguro de propiedad		/ 12 =	
Impuestos sobre la propiedad		/ 12 =	
Honorarios de la Asociación de Propietarios	USD 1.380	/ 12 =	USD 115
Reemplazo de electrodomésticos		/ 12 =	
Reemplazo de muebles		/ 12 =	
Cuentas de atención médica		/ 12 =	
Seguro de salud		/ 12 =	
Seguro de vida		/ 12 =	
Seguro de automóvil		/ 12 =	
Reparación y registro del automóvil	USD 3.000	/ 12 =	USD 250
Reemplazo del auto		/ 12 =	
Ropa	USD 400	/ 12 =	USD 34
Escuela		/ 12 =	
Impuestos (autónomo)		/ 12 =	
Vacaciones.	USD 2.000	/ 12 =	USD 167
Regalos (cumpleaños, aniversarios, etc.)		/ 12 =	
Navidad		/ 12 =	
Otro _____		/ 12 =	
Otro _____		/ 12 =	

Planificación de pagos periódicos

Hay muchos tipos de pagos comunes y recurrentes que no surgen todos los meses. Es importante esperarlos y prepararse, en vez de tratarlos como emergencias cuando llegan. Calcule el monto anual de cada artículo y divídalo por doce para determinar cuánto debe ahorrar cada mes en su presupuesto para cubrir estos gastos.

Artículo	Importe anual		Monto mensual
Reparaciones en el Hogar/ mantenimiento	_____	/ 12 =	_____
Seguro de propiedad	_____	/ 12 =	_____
Impuestos sobre la propiedad	_____	/ 12 =	_____
Honorarios de la Asociación de Propietarios	_____	/ 12 =	_____
Reemplazo de electrodomésticos	_____	/ 12 =	_____
Reemplazo de muebles	_____	/ 12 =	_____
Cuentas de atención médica	_____	/ 12 =	_____
Seguro de salud	_____	/ 12 =	_____
Seguro de vida	_____	/ 12 =	_____
Seguro de automóvil	_____	/ 12 =	_____
Reparación y registro del automóvil	_____	/ 12 =	_____
Reemplazo del auto	_____	/ 12 =	_____
Ropa	_____	/ 12 =	_____
Escuela	_____	/ 12 =	_____
Impuestos (autónomo)	_____	/ 12 =	_____
Vacaciones.	_____	/ 12 =	_____
Regalos (cumpleaños, aniversarios, etc.)	_____	/ 12 =	_____
Navidad	_____	/ 12 =	_____
Otro _____	_____	/ 12 =	_____
Otro _____	_____	/ 12 =	_____

Instrucciones para el presupuesto o plan mensual de ingresos en efectivo

Cada dólar de sus ingresos debe asignarse a alguna categoría de este formulario. Cuando haya terminado, el total de sus ingresos menos los gastos deben equivaler a cero. Si no es ese el resultado, entonces debe ajustar algunas categorías (como la reducción de la deuda, las donaciones o el ahorro) para que el resultado de cero. Use aquí también un poco de sentido común. No deje ciertas categorías, como ropa, reparaciones de vehículos o mejoras en el hogar, fuera de esta lista. Si no las planifica, entonces solo está preparándose para el futuro fracaso.

Sí, sabemos que este presupuesto es largo. Tratamos de enumerar prácticamente todo gasto imaginable a fin de evitar que olvide algo. No espere completar todas las líneas de las categorías. Aproveche solo las que son relevantes para su situación específica.

Si hay una diferencia sustancial entre lo que presupuestó y lo que gastó, entonces usted tendrá que reajustar el presupuesto para compensar la diferencia. Si continuamente, durante dos o tres meses, una categoría sobrepasa o no llega al monto presupuestado, entonces usted necesita ajustar el monto presupuestado en consecuencia. Planifique revisar su presupuesto una vez por mes, ya que cada mes es distinto.

Verá tres columnas: Gastos personales, Pagos mensuales y Saldo. La cifra de Pagos mensuales es el monto presupuestado para esa categoría, incluso para los gastos no mensuales. La columna de Saldo muestra cuánto más necesita acumular a fin de poder comprar los artículos para los que está ahorrando y cuánto adeuda todavía. Por eso, deberá aumentar algunos saldos y reducir otros.

También en el formulario encontrará un lugar para el seguimiento de su fondo de emergencias y el ahorro a largo plazo, así como otros planes de ahorro que pueda tener, como un plan 401k.

Notas:
- Un asterisco (*) junto a un elemento indica que es un área para la que sería especialmente útil utilizar el sistema de sobres en efectivo.
- No se olvide de incluir sus artículos con valores anuales de la hoja «Planificación de pago periódico» que antes completó, incluida la planificación de regalos de Navidad.
- Tome el monto total de ingresos de la página «Fuentes de ingresos» y escríbalo en el cuadro de Ingreso bruto mensual. También recuerde escribir su ingreso neto (después de pagar los impuestos) en el cuadro de Ingresos mensuales netos. No se mienta. «Bruto» es lo que le dice a sus amigos. «Neto» es lo que le dice a su cónyuge.

Mes: **septiembre**

Plan mensual de ingresos de efectivo

Gastos personales	Pagos mensuales	Saldo
Diezmo/iglesia/organización de beneficencia	USD 900	
USTED, Inc. (al menos, el 10 % de los ingresos)	USD 900	
Educación para el desarrollo personal	USD 210	
Capital e intereses de la primera hipoteca /renta	USD 1.200	
Segunda hipoteca o línea de crédito		
Otra hipoteca o gravamen		
Impuesto sobre bienes inmuebles (si no incluido)		
Seguro contra riesgos (si no está incluido)		
Honorarios de la Asociación de Propietarios		
*Mantenimiento del Hogar y reparaciones	USD 50	USD 150
Electricidad	USD 75	USD 150
Agua (o agua, alcantarillado y recogido de basura)	USD 62	
Alcantarillado		
Basura		
Gas natural	USD 32	
Teléfono		
Teléfono celular	USD 120	
*Alimentos/comestibles	USD 400	USD 400
Préstamo de automóvil	USD 125	USD 4.200
Préstamo de automóvil		
Préstamo de otro vehículo		
Gasolina	USD 210	
*Mantenimiento y reparación de automóvil	USD 200	USD 600
Seguro de automóvil	USD 95	
*Registro, licencia e impuestos de automóvil	USD 21	USD 63
*Reemplazo de automóvil		
*Gastos médicos	USD 25	USD 75
Cuentas de atención médica		
Seguro de salud	USD 300	
Seguro de vida	USD 63	
Pensión alimenticia		
Manutención de menores		
*Cuidado de niños		
*Servicios de niñera		
*Productos para bebés		
*Ropa		
*Servicio de limpieza o lavandería	USD 25	USD 35
Tarjeta de crédito	USD 42	USD 3.500
Tarjeta de crédito	USD 25	USD 1.800
Tarjeta de crédito		
Tarjeta de crédito		
Tarjeta de crédito		
Préstamo estudiantil		
Préstamo estudiantil		
Otros préstamos		

Gastos personales	Pagos mensuales	Saldo
*Navidad	USD 60	USD 180
*Regalos (cumpleaños, aniversario, etc.)	USD 10	USD 45
Cuotas de organización		
Suscripciones		
*Artículos de higiene	USD 40	USD 35
*Cosméticos	USD 30	USD 50
*Cuidado del cabello	USD 30	USD 50
*Matrícula escolar		
*Útiles escolares		
*Cuidado de mascotas		
*Clases		
*Salir a comer o restaurantes	USD 25	USD 30
*Reemplazo de muebles	USD 20	USD 60
*Vacaciones	USD 60	USD 180
Internet	USD 25	
Televisión por cable o satélite		
*Entretenimiento	USD 20	USD 20
*El dinero de él para gastar	USD 40	
*El dinero para que ella gaste	USD 60	
Otro:_____		
Otro:_____		
Otro:_____		
Gastos totales:	**USD 5.500**	

Ingresos mensuales

Ingresos mensuales brutos		USD 9.000
Ingreso mensual neto (después de pagar los impuestos)		USD 5.500

Ingresos menos gastos		**USD 0**
		(debe ser cero)

Ahorros	Cantidad	Valor
Fondo de emergencias		USD 16.500
Ahorro a largo plazo		USD 4.000
Oro (onzas)	3,25	USD 5.200
Plata (onzas)	204	USD 5.916
Plaza fijo, mercado financiero		
Plan de retiro/401k/IRA		
Acciones o bonos		
	Total:	**USD 31.616**

Mes: _____

Plan mensual de ingresos de efectivo

Gastos personales	Pagos mensuales	Saldo
Diezmo/iglesia/organización de beneficencia		
USTED, Inc. (al menos, el 10 % de los ingresos)		
Educación para el desarrollo personal		
Capital e intereses de la primera hipoteca /renta		
Segunda hipoteca o línea de crédito		
Otra hipoteca o gravamen		
Impuesto sobre bienes inmuebles (si no incluido)		
Seguro contra riesgos (si no está incluido)		
Honorarios de la Asociación de Propietarios		
*Mantenimiento del Hogar y reparaciones		
Electricidad		
Agua (o agua, alcantarillado y recogido de basura)		
Alcantarillado		
Basura		
Gas natural		
Teléfono		
Teléfono celular		
*Alimentos/comestibles		
Préstamo de automóvil		
Préstamo de automóvil		
Préstamo de otro vehículo		
Gasolina		
*Mantenimiento y reparación de automóvil		
Seguro de automóvil		
*Registro, licencia e impuestos de automóvil		
*Reemplazo de automóvil		
*Gastos médicos		
Cuentas de atención médica		
Seguro de salud		
Seguro de vida		
Pensión alimenticia		
Manutención de menores		
*Cuidado de niños		
*Servicios de niñera		
*Productos para bebés		
*Ropa		
*Servicio de limpieza o lavandería		
Tarjeta de crédito		
Tarjeta de crédito		
Tarjeta de crédito		
Tarjeta de crédito		
Tarjeta de crédito		
Préstamo estudiantil		
Préstamo estudiantil		
Otros préstamos		

Gastos personales	Pagos mensuales	Saldo
*Navidad		
*Regalos (cumpleaños, aniversario, etc.)		
Cuotas de organización		
Suscripciones		
*Artículos de higiene		
*Cosméticos		
*Cuidado del cabello		
*Matrícula escolar		
*Útiles escolares		
*Cuidado de mascotas		
*Clases		
*Salir a comer o restaurantes		
*Reemplazo de muebles		
*Vacaciones		
Internet		
Televisión por cable o satélite		
*Entretenimiento		
*El dinero de él para gastar		
*El dinero para que ella gaste		
Otro:_____		
Otro:_____		
Otro:_____		
Gastos totales:		

Ingresos mensuales

Ingresos mensuales brutos	
Ingreso mensual neto (después de pagar los impuestos)	

Ingresos menos gastos	

(debe ser cero)

Ahorros	Cantidad	Valor
Fondo de emergencias		
Ahorro a largo plazo		
Oro (onzas)		
Plata (onzas)		
Plaza fijo, mercado financiero		
Plan de retiro/401k/IRA		
Acciones o bonos		
	Total:	

CAPÍTULO CINCO
Cómo cambiar sus hábitos económicos

_____ es simple. Aprenda y siga los principios de la solvencia. Para la mayoría, lo más difícil es el simple _____ _____ _____.

Siempre habrá otra _____, pero aferrarse a su _____ es la mejor forma de todas.

_____ y _____ las promesas que se haga.

Técnicas para un cambio efectivo
1. La regla de las 24 horas: Si alguna vez encuentra una oferta que es «demasiado buena para dejarla pasar», espere veinticuatro horas antes de realizar la compra.

2. Tenga un fondo de emergencias. Tenga en cuenta que su fondo de emergencias no es para las ofertas o las compras de Navidad, u otros ahorros. Es para verdaderas emergencias. No lo toque con ningún otro fin.

3. *Invierta en usted primero* y siempre guarde ese dinero. Abra una cuenta de ahorros por separado y deposite el 10 % de todo lo que gane en esta cuenta.

4. Automatice los depósitos a la cuenta de ahorros y al fondo de emergencia.

Técnicas para una eficaz disciplina económica
5. Corte las tarjetas de crédito o póngalas en el congelador para que, aun cuando tenga un momento de debilidad, deba esperar a que se derritan para poder utilizarlas. (Si las derrite en el microondas, se arruinarán).

6. Haga los arreglos necesarios para que, si quiere sacar dinero de su banco, su asesor financiero deba darle su aprobación o estar presente, en especial en los casos de compras espontáneas o usos de su fondo de emergencias.

7. Lleve un registro de todos sus gastos.

8. Si tiene problemas para pagar deudas, no deje de comunicarse con sus acreedores. Mientras esté pagándoles algo, usted será un bien de ellos. Comuníquese con las personas a las que les debe dinero y negocie con ellos para que sigan trabajando con usted.

9. Alquilar puede ser una buena idea para ciertas personas, en especial en momentos de desaceleración económica, porque no verá a su propiedad perder valor. Además, le ahorrará los numerosos costos de mantener un hogar.

10. Si lo necesita, venda algunas de sus cosas. Esto puede ser difícil en el momento, pero lo ayudará a conservar la concentración cuando se sacrifica para lograr sus nuevas metas de la solvencia.

Más técnicas esenciales

11. Dese recompensas por cumplir sus metas, como ir al cine si se ajusta al presupuesto toda la semana. Dese recompensas simples y no deje de dárselas.

Establezcamos algunos objetivos y recompensas a medida que se vuelve más solvente. Recuerde que debe asegurarse de que los objetivos y las recompensan se correspondan con su situación económica actual. No se recompense con un viaje a Hawái solo por crear su fondo de emergencia. Un tipo de recompensa simple es lo que llamamos una recompensa por «renunciar». Escoja algo pequeño que realmente le guste y que ya esté haciendo, y decida dejar de hacerlo hasta que cumpla su objetivo. Por ejemplo, si realmente le gusta ir al cine o comer cierto tipo de comida, deje de hacerlo hasta que cumpla su objetivo. Chris Brady una vez decidió dejar de beber Coca-Cola Light (que a él realmente le gustaba) hasta que alcanzó un objetivo comercial. Convierta en hábito el sistema de objetivos y recompensas.

Objetivo: Ahorre USD 1.000. Recompensa: _____
Objetivo: Comience a ahorrar un 10 %. Recompensa:_____
Objetivo: Manténgase dentro del presupuesto durante un mes.
Recompensa: _____
Objetivo: Manténgase dentro del presupuesto durante tres meses.
Recompensa: _____
Objetivo: Manténgase dentro del presupuesto durante seis meses.
Recompensa: _____
Objetivo: Ahorre tres meses de gastos. Recompensa: _____
Objetivo: Ahorre seis meses de gastos. Recompensa: _____
Objetivo: Ahorre un año de gastos. Recompensa: _____
Objetivo: Pague una deuda específica. Recompensa: _____
Objetivo: No tenga deudas (a excepción del hogar). Recompensa: _____

Meta de actividad empresarial:_____. Recompensa:_____

Objetivo de resultado empresarial:_____. Recompensa:_____

12. Dé el 10 % de su ingreso al diezmo y realice donaciones generosas a entidades de caridad y filantropía. El espíritu generoso es el espíritu de la abundancia, y vivir con actitud de abundancia lo bendecirá de muchas formas. Dicho eso, no dé a la caridad pensando que al dar recibirá más. Puede suceder, pero no lo espere. Dé para ayudar. Dé aunque esté en bancarrota.

PRINCIPIO 6: Use el 10 % de su ingreso para dar el diezmo. Dé aunque esté en bancarrota. Dar dinero lo coloca en una mentalidad de abundancia y pone cualquier preocupación económica en perspectiva, de modo que dar no debe limitarse a pagar el diezmo. La Biblia clasifica el acto de dar en las siguientes categorías: 1. diezmos y 2. ofrendas.

13. Conozca su propósito en la vida. No permita que el dinero o las complicaciones que trae aparejadas desbaraten su vida. Concéntrese en la gallina de los huevos de oro, es decir, en su trabajo o empresa u otra fuente de ingresos, y no tanto en qué hacer con los huevos.

14. Ambos cónyuges deben ir en una misma dirección. Esto es muy importante. En muchas relaciones, uno es el gastador natural y el otro es el ahorrador natural. Haga lo que sea necesario para que juntos sean solventes.

Estos son algunos consejos para la pareja Ahorrador/Gastador que está confeccionando un presupuesto.

<u>Para el señor o la señora Ahorrador:</u>

Redacte el borrador del presupuesto. Luego, traiga a su cónyuge, dele su opinión, ¡y luego cállese!

Esto debería ser una reunión, no un seminario de fin de semana. Solo le quedan 15 minutos y medio a la capacidad de atención de Gastador.

¡Hay que dejar que Gastador desbarate su presupuesto! ¡Ay, no!

<u>Para el señor o la señora Gastador:</u>

¡Deberá presentarse a la reunión!

Tiene que hablar en la reunión. Esto significa que usted debe contribuir de forma madura.

Usted debe cambiar algo en el borrador del presupuesto de Ahorrador.

Nunca puede volver a decir: «Lo que quieras hacer, cariño».

CAPÍTULO SEIS

Una vez que comenzó con los aspectos básicos, ¿qué es lo que sigue?

Muchas personas no tienen la _____ que podrían tener porque están atascados con su economía. Una mayor _____ le permitirá ir más eficazmente tras la visión de su vida.

Tómese un momento y realice el siguiente ejercicio: Enumere sus cinco problemas principales: Escríbalos. Ahora observe la lista y pregúntese cuántos de estos problemas se pueden resolver si tuviera mucho dinero. Si desaparecen con dinero, entonces el problema no es realmente el dinero—*sino su falta*.

PRINCIPIO 7: El uso de su tiempo, dinero y talento para ayudar verdaderamente a los demás, incrementará su felicidad de manera natural. Buscar dinero solo por tenerlo puede influir o no en su felicidad, pero buscar dinero para concretar su cometido, y ayudar y bendecir a los demás lo hará más feliz automáticamente.

Entrar en acción
Tómese algunos momentos ahora mismo para anotar sus planes a los cuales aplicar el principio tratado en este capítulo. Enumere las formas en las que podría dar más de su tiempo, talento y recursos para ayudar a los demás y hacer una diferencia positiva en su iglesia, comunidad, nación, etc.

_____

_____

Resumen de la Parte I: aspectos básicos

- La mayoría de las personas no aplican los principios de la solvencia y, por lo tanto, luchan constantemente con su economía. Lo invitamos a que sea la excepción, a que se sume a la minoría, al 5 % que conoce y aplica los principios del éxito económico.
- A continuación mencionamos los principios básicos fundamentales de la solvencia que se tratan en la Primera parte:

  ▷ PRINCIPIO 1: Lo que determina el éxito económico no es lo que genera sino lo que conserva. Invierta primero en usted y ahorre lo invertido.
  ▷ PRINCIPIO 2: El dinero es un don. Tiene un uso específico. Esto significa que usted tiene un cometido. Debe usar su dinero para algo importante, para su familia y otras cosas.

- ▷ PRINCIPIO 3: Viva de acuerdo a sus medios. Siempre. Sin excepciones. Punto final. Siga un buen presupuesto. Que cada uno de los cónyuges cuente con una pequeña suma de dinero discrecional para no tener que cuestionarse mutuamente por pequeñas cosas.
- ▷ PRINCIPIO 4: Deje de recibir consejos económicos de personas que están en bancarrota; recíbalos de aquellos cuya economía usted desea emular.
- ▷ PRINCIPIO 5: Realice un presupuesto de manera coherente y ahorre de cara a gastos inesperados.
- ▷ PRINCIPIO 6: Use el 10 % de su ingreso para dar el diezmo. Dé aunque esté en bancarrota. Dar dinero lo coloca en una mentalidad de abundancia y pone cualquier preocupación económica en perspectiva, de modo que dar no debe limitarse a pagar el diezmo. La Biblia clasifica el acto de dar en las siguientes categorías: 1. diezmos y 2. ofrendas.
- ▷ PRINCIPIO 7: El uso de su tiempo, dinero y talento para ayudar verdaderamente a los demás, incrementará su felicidad de manera natural. Buscar dinero solo por tenerlo puede influir o no en su felicidad, pero buscar dinero para concretar su cometido, y ayudar y bendecir a los demás lo hará más feliz automáticamente.

- Este libro está diseñado no solo para informar sino para *transformar*; cada lector debe describir cómo implementará estos principios en su vida cotidiana.
- Si omitió algunas de las tareas de este libro o no anotó su plan para cada uno de los siete principios cubiertos hasta el momento, deténgase de inmediato y realice estos ejercicios sumamente importantes. Lo pondrán directamente en camino a la solvencia.
- Una vez que realice los siete principios básicos, concéntrese con mayor atención y aprenda a dominarlos. Conviértalos en hábitos, ponga una parte de su vida en piloto automático.

Respuestas de los espacios en blanco para la Parte I. Aspectos básicos:
CONOCER, ACCIÓN, DINERO, SOLVENCIA, DINERO, PRIORIDADES, ASPECTOS BÁSICOS, CAMBIO, MUNDO, INFORMATIVO, DE TRANSFORMACIÓN, APLICAR, ÉXITO, COMENZAR, FORMAS, PRESUPUESTO, INSPIRAR, HONOR, INFLUENCIA, RECURSOS

SEGUNDA PARTE

EL ATAQUE

«¡MUEVAN LAS CADENAS!»

CAPÍTULO SIETE

Opiniones sobre el dinero

Una actitud de _____ es central para la solvencia.

El dinero puede _____ su objetivo de vida.

El dinero se convierte en una _____ peligrosa o productiva, según el corazón de quien lo esgrima.

Elija su propia opinión sobre el dinero
1. El dinero como un misterio
2. El dinero como un maestro
3. El dinero como un monstruo
4. El dinero como maestría
5. El dinero como motivador
6. El dinero como manipulador
7. El dinero como minimizador
8. El dinero como maximizador
9. El dinero como monumento
10. El dinero como amenaza

Parte de ser solvente consiste en elegir de manera inteligente la visión correcta del dinero. Las personas exitosas adaptan la visión del Dinero como Maximizador, incluso si se criaron con otras perspectivas. A medida que considere esta lista de las más populares visiones del dinero, tal vez le sirva hacerse las siguientes preguntas:

¿Qué visión del dinero representa mejor la situación en la que se encuentra *en este momento*?
_____
_____

¿Cuáles de estas visiones del dinero ha encontrado en la vida de las personas que conoce?
_____
_____

¿Cuáles ha seguido durante un tiempo en su vida?
_____
_____

Tenga en cuenta que varias de estas visiones son bastantes negativas. ¿Qué hace para asegurarse de tener una visión del dinero positiva y productiva?
_____
_____

PRINCIPIO 8: Las personas con la visión del dinero correcta se disciplinan para vivir los principios de la solvencia, para tomar decisiones financieras en función de una visión a largo plazo, adoptar el hábito de la gratificación posterior y emplear la naturaleza acumulativa del dinero a fin de materializar sus sueños.

¡Grabarlo en piedra!

Piense detenidamente en la visión o visiones del dinero que tenía cuando empezó a leer este libro. Escríbalas. Ahora, escriba la visión o visiones que le gustaría alcanzar. ¿Qué se compromete a hacer para realizar este cambio? Tome nota de esto y prepárese para hacerlo realidad.

CAPÍTULO OCHO

Invertir en usted mismo

Invertir en _____ es la mejor inversión que podrá hacer.

Un primer paso posible hacia la actitud de _____ es recordar siempre que la inversión más importante es la inversión en usted mismo.

Sin importar lo que haga, no reduzca la inversión en su _____.

PRINCIPIO 9: Las personas solventes son ávidos lectores e invierten siempre en ellos mismos profundizando su educación, experiencia, habilidades, conocimiento y aptitudes, tanto económicas como de liderazgo.

Además de estudiar y aplicar los conceptos de este libro, enumere formas en las que puede invertir en usted mismo y convertirse en una persona mucho más culta. ¿Cómo puede invertir en su educación sobre liderazgo y experiencia? ¿En sus conocimientos económicos? ¿En sus habilidades, conocimiento y capacidades?

¿Cómo puede convertirse en un lector más ávido? ¿Qué mentores necesita? ¿Qué consejo de sus mentores actuales debe seguir más al pie de la letra?

_____

_____

¿Ya está embarcado en un viaje autodirigido de lectura, escucha y asociación? Sí/No.

Si es así, enumere los tipos de educación que está realizando para el desarrollo personal y el liderazgo. Si no, entonces escriba algunas áreas en las que le gustaría mejorar.

_____

_____

¿Por qué es importante la lectura para el crecimiento de su influencia como líder y el aumento de su solvencia?

_____

_____

Complete los siguientes espacios en blanco para crear un plan de mejoramiento de usted mismo:

Leeré _____ libros este año.
      (número)

Títulos posibles:_____

_____

_____

Leeré _____ libros este mes.
      (número)

Voy a leer (o estoy leyendo) los siguientes libros:

_____

_____

¿Por qué asistir a seminarios o conferencias y escuchar grabaciones de audio o vídeo es importante para el crecimiento de su influencia como líder y el aumento de su solvencia?

_____

_____

Voy a escuchar y ver _____ grabaciones de este año, que se puede detallarse en:
(número)

_____ por mes,

_____ por semana, y

_____ por día.

Voy a escuchar a las siguientes grabaciones:

_____

_____

Asistiré a _____ seminarios o conferencias este año.
(número)

Asistiré a _____ seminarios o conferencias al mes.
(número)

El próximo seminario o conferencia al que asistiré es:

_____
(nombre, fecha y lugar).

¿Ya tiene acceso a un programa de educación continua y confiable que proporciona materiales sobre liderazgo y desarrollo personal? Si no es así, o si le gustaría aprender sobre las diferentes opciones, los autores han formulado recomendaciones al final de este libro.

PRINCIPIO 10: Las personas solventes sobresalen en su trabajo y sus proyectos actuales a la vez que invierten en sí mismos para alcanzar su visión a largo plazo.

¿Qué puede hacer para aplicar este principio? ¿Cómo puede destacarse de verdad, a un nivel totalmente nuevo, en sus responsabilidades actuales?

_____

_____

CAPÍTULO NUEVE

Que el dinero sea su esclavo, no su amo

Su prosperidad, su riqueza y sus privilegios no son, en última instancia, para su _____ , sino en pos de su _____ .

La _____ no es la realidad; la realidad lo es.

El éxito no es tan fácil de conseguir como los _____ hacen que se vea, pero tampoco es tan difícil como los _____ lo hacen parecer.

PRINCIPIO 11: Nunca sacrifique sus principios por dinero ni por posesiones. Sea honesto. Conserve su integridad. Mantenga el orden correcto de sus prioridades.

En el pasado, ¿ha sacrificado sus principios por dinero o posesiones? A partir de ahora, ¿cuáles son algunos de los principios clave que promete nunca sacrificar?

_____

_____

PRINCIPIO 12: Dedíquese a especializarse en lo que hace (lleva alrededor de 10.000 horas).

¿Cuál es el enfoque actual de su especialización?

_____

_____

Si usted dedica las 10.000 horas para dominar lo que hace en la actualidad, ¿será capaz de lograr su visión y sueños a largo plazo? Sí/No. ¿Dónde se puede enfocar para mejorar todavía más?

_____

_____

Si la respuesta es no, anote algunas ideas de cosas que lo pueden conducir hacia su visión y sueños a largo plazo.

___

CAPÍTULO DIEZ

El poder de los multiplicadores

Albert Einstein dijo que el interés _____ es la octava maravilla del mundo.

¿Le _____ trabajar en su propio beneficio o en contra?

«Si no estamos seguros, la respuesta es "_____". Si estamos seguros, _____ y veamos qué pasa». Orrin Woodward

En el apuro, se _____.

_____ los hábitos que no le sirven y _____ los que están en consonancia con su objetivo de vida y le aportan lo que realmente quiere.

PRINCIPIO 13: Las personas solventes no se preguntan: «¿Nos podemos dar el lujo?», sino que se cuestionan: «¿*Realmente* queremos esto? ¿Servirá a nuestro objetivo y sueño? ¿*Cómo* lo hará? ¿De qué formas puede ser una distracción? ¿Costará más dinero mantenerlo o sostenerlo (mediante cosas como seguros o tarifas anuales)? ¿Qué serviría más a nuestro objetivo y a nuestra visión, ahorrar o invertir un mismo monto ? ¿Es este el mejor momento para realizar esta compra o sería más barato, o simplemente mejor, para nuestra familia o negocio efectuarla después?». Las personas solventes desarrollan el hábito de negarse a hacer compras, aun cuando pueden pagarlas sin problema, y de usar gran parte de su dinero como ahorros o inversiones.

PRINCIPIO 14: Las personas solventes analizan sus movimientos —tanto de vida como económicos— y trabajan para romper con los malos hábitos y profundizar los buenos. Las personas solventes consideran y eligen los hábitos que quieren y necesitan para lograr el sueño de su vida.

CAPÍTULO ONCE

Dos grandes claves económicas: Hábitos de gasto e ingreso pasivo

La influencia principal con respecto a si una pareja se convierte en millonaria o no son los hábitos de compra de la _____.

PRINCIPIO 15: Sea dueño de su propio negocio, aunque solo comience trabajando en él a medio tiempo. Puede aplicar todos los otros principios de este libro y acumular riquezas con el paso del tiempo, pero quienes los aplican en su propio negocio pueden enriquecerse con mucha mayor rapidez.

*Paso de acción:

Consulte un profesional de los impuestos para conocer las diferentes formas en que puede beneficiarse del código tributario para dueños de negocios.

PRINCIPIO 16: Aumente su ingreso pasivo al punto que ocurra lo siguiente 1. la mayor parte de su ingreso sea pasivo, y 2. pueda vivir de su ingreso pasivo.

PRINCIPIO 17: La jubilación no debe ser una cuestión de edad, sino que debe basarse en contar con suficiente ingreso pasivo para mantenerse de por vida. La jubilación implica apartarse de las cosas que no son parte de su objetivo para que pueda concentrarse en el trabajo fructífero de la misión de su vida.

En sus propias palabras, ¿cuál es la diferencia entre ingreso activo y pasivo?
_____
_____

Enumere todas sus fuentes de ingreso y clasifíquelas en estas dos categorías.
_____
_____

¿Necesita comenzar a generar ingresos pasivos, incrementar los actuales, o ambas?
_____
_____

CAPÍTULO DOCE

Deje de perseguir el dinero y persiga su objetivo

«¿Qué haría si no tuviera _____?». Shannon Alder

La primera clave para _____ es que todo actúe en función de nuestro objetivo de vida.

No está mal que, a veces, nos sintamos _____. Simplemente no está bien quedarse así.

Incluso los más brillantes a menudo se comportamos como idiotas cuando dejamos nuestro campo de especialización, y casi siempre nos iría mejor en lo financiero si nos mantuviéramos en ese área y usáramos todo lo que está a nuestro alcance para mejorar nuestro dominio, ¡y alimentar a la _____ _____!

¿Durante cuántos días podría mantener su estilo de vida actual si dejara de trabajar? Tómese unos minutos, analice sus gastos y responda la pregunta.

_____

_____

Tres claves para la riqueza

Robert Kiyosaki afirma que hay tres claves para la riqueza: 1. visión a largo plazo, 2. gratificación a futuro, y 3. poder de cálculo.

Si su visión a largo plazo no es clara y obtiene una suma de dinero no esperada, por ejemplo, USD 5.000, desaparecerá muy rápidamente, ya que estará tentado de multiplicar los gastos en lugar del multiplicar las inversiones. Un tonto y su dinero pronto se separan, como predijo Benjamin Franklin. En la realidad, el 93 % de las personas que ganan la lotería pierden el dinero muy rápido.

Por otro lado, si tiene una visión de vida y un plan económico claros, pensará en las mejores formas de «construir su tubería» y avanzar hacia su sueño, y los USD 5.000 le permitirán dar un gran salto hacia adelante.

Si recibieras un adicional de USD 5.000, ¿cuál sería su plan para ese dinero? ¿Podría ayudar a la inversión en usted mismo? ¿Podría completar su fondo de emergencia antes de lo planeado? Desarrolle un plan ahora para saber qué hacer si recibe algo de dinero adicional.

_____

_____

Ganar impulso

¿Cuánto dinero necesita para ser libre (es decir, para que su ingreso pasivo le alcance para vivir mientras puede dedicarse a tiempo completo a construir su empresa y vivir su objetivo)? Usted debe conocer este número.

USD _____

PRINCIPIO 18: Para lograr el verdadero éxito económico, concéntrese en estas cosas: 1. Destáquese verdaderamente en su trabajo y en sus proyectos actuales, y, al mismo tiempo, inicie su propio negocio. 2. Dedique las 10.000 horas que se necesitan aproximadamente para obtener el dominio de actividad sin dejar de distinguirse en su trabajo actual. 3. Haga un plan para conseguir la libertad económica alcanzando el punto en el cual el ingreso pasivo de su negocio cubra con creces las necesidades de su familia. 4. Finalmente, una vez que tenga libertad económica, concéntrese en construir su negocio al punto en que pueda financiar el objetivo de su vida. Cada uno de estos pasos requiere la máxima concentración, y deben realizarse de a uno a la vez. Cuando haya logrado uno de ellos, vaya al siguiente y préstele el mismo nivel de atención.

Identifique cuál de estos cuatro es el enfoque que necesita en este momento y desarrolle una estrategia para hacerlo realidad. Añádalo (por escrito) a sus planes anteriores y actualícelos para tener una descripción detallada de los puntos en los que debe concentrarse mientras cumple con el siguiente punto de la lista. Ponga su plan en acción

CAPÍTULO TRECE

Elegir su negocio

¿Cuáles son sus _____? ¿Cómo puede construir un negocio en torno a ellas?

PRINCIPIO 19: Encuentre buenos asesores y présteles verdadera atención.

Escribir las ventajas y desventajas

Si ya es dueño de un sistema empresarial exitoso, pregúntese:

¿Desea comenzar otro tipo de empresa, o ampliar la que posee actualmente?

¿Desea construir una empresa nueva desde cero?

¿O desea invertir en un sistema empresarial que ya esté establecido, para poder concentrarse en el crecimiento?

¿Ha adquirido conocimientos en su área actual de negocios?

¿Desea adquirir un sistema empresarial fuera de su área de conocimiento y tomarse el tiempo para capacitarse en ese otro campo?

¿O desea adquirir otro sistema empresarial dentro de su campo de conocimientos?

¿Es momento de ampliar su sistema empresarial mientras sigue concentrándose en su sueño?

¿O es hora de vender su sistema empresarial, o tal vez contratar a un gerente que lo administre, y concentrarse más en su sueño?

¿Cómo puede conectar el sistema empresarial con sus pasiones?

Si aún no es dueño de un sistema empresarial exitoso, considere lo siguiente:

Es probable que no desee comprar un sistema empresarial existente, a menos que cuente con mucha experiencia en el campo, por haber trabajado en un negocio familiar, por ejemplo. ¿Posee conocimientos en el campo de los negocios?

¿Cuenta con fondos para adquirir la empresa existente?

¿Le interesa una franquicia?

¿Tiene acceso a los recursos necesarios para comprar una franquicia?

¿Ha investigado las empresas de contactos profesionales y ha encontrado alguna que tenga que ver con sus pasiones e intereses?

¿Desea fundar una empresa nueva desde cero?

¿Puede distinguirse más en su trabajo actual a fin de aportar mayores recursos para construir su sistema empresarial?

¿Cuáles son sus pasiones? ¿Cómo puede construir un negocio en torno a ellas?

¿Tiene una idea para un sistema empresarial pero necesita experiencia como líder y recursos para poder ponerla en práctica? Si es así, ¿necesita un sistema empresarial que le aporte experiencia y dinero durante algunos años?

¿En qué áreas desea adquirir conocimientos? ¿Está dispuesto a invertir el tiempo necesario para lograrlo? ¿Qué oportunidades de sistemas empresariales se encuentran disponibles en estos ámbitos?

¿Quién lo asesorará?

CAPÍTULO CATORCE

¡Alimente a la gallina de los huevos de oro!

¿El _____ ofrece una retribución o se va por siempre?

Parece que a pocas personas les enseñaron que el _____ tiene un propósito más allá de aportar comodidad inmediata y _____.

La _____ de utilizar el dinero de forma _____ separa a los adinerados del resto.

Los _____ rara vez son la solución. Los extremos no suelen funcionar.

La forma de salir de un _____ económico es determinar cuál es su _____ (o encontrarla) y alimentarla.

Si debe _____ su _____, no es momento de jugar.

Su mayor _____ es usted mismo. Invierta en _____ y en el desarrollo de su negocio con eficacia y sabiduría.

PRINCIPIO 20: Use el dinero de forma productiva —colóquelo allí donde le reporte más de lo que pone—, en vez de gastarlo de forma improductiva. En lo mejor que puede invertirlo es en usted y en su negocio. Use parte de sus ahorros con sabiduría y de forma adecuada a fin de aumentar sus activos y ganancias comerciales.

Actualice su plan económico para incluir una mayor inversión de su dinero con fines productivos, y considere cuándo utilizar parte de sus ahorros en usos empresariales más productivos que incrementen su tasa de rentabilidad.

Advertencia: No dé este paso hasta que haya ahorrado lo suficiente y su empresa esté lista para beneficiarse significativamente gracias a los activos adicionales. Sólo use este dinero para financiar activos que le traigan mayores ingresos de los que haya invertido. Nunca use sus ahorros para especular. Sólo invierta de esta manera en su propia empresa, que usted mismo pueda controlar. Consulte con su asesor a medida que tome este tipo de decisiones.

CAPÍTULO QUINCE

Jerarquía de inversión

Invertir en usted es el _____ objetivo de una buena inversión.

Ahorrar para el peor escenario posible incluye lo opuesto a _____ dinero, lo que llamaremos «_____».

```
                    7. EMPRENDIMIENTOS
                      ESPECULATIVOS,
                    EMPRESA INCIPIENTE,
                       INVENCIONES
                  6. MERCADO BURSÁTIL,
                     BIENES RAÍCES.
              5. CD, MERCADO FINANCIERO,
              CUENTAS, BONOS MUNICIPALES
                     4. AHORROS
        (TANTO A LARGO PLAZO COMO CON OBJETIVOS ESPECÍFICOS).
              3. PREPARACIÓN PARA LA SUPERVIVENCIA
                  2. FONDO DE EMERGENCIAS
                     (3-6 MESES DE GASTOS)
                      1. USTED MISMO
```

¿Qué has hecho para invertir en el nivel uno (usted mismo)?
_____
_____

¿Cuánto dinero tiene en el nivel dos (fondo de emergencias)?
USD _____

¿Tiene un fondo de emergencia de más de USD 1.000? Sí/No.

PRINCIPIO 21: Aparte algo de dinero a fin de prepararse para el peor escenario posible. No se obsesione con esto, pero tampoco lo ignore.

¿Cuánto dinero y qué otros artículos ya tiene separados para lo peor?

_____

_____

Haga una lista de cosas que, con el tiempo, debería añadir al nivel de USTED, Inc. Jerarquía de inversiones (cierta cantidad de dinero en efectivo, almacenamiento de alimentos, agua, baterías, luces, conjuntos de 72 horas, monedas de plata, armas, munición, etcétera):

_____

_____

PRINCIPIO 22: Genere un fondo habitual de ahorros con objetivos específicos para las cosas que quiere comprar más adelante. Incremente este fondo de forma constante y compre artículos de consumo en efectivo (sin financiación).

¿Ya está ahorrando para algo específico? Si es así, ¿qué? ¿Cuánto dinero tiene ahorrado para esta compra?

_____

_____

PRINCIPIO 23: Solo invierta el dinero que puede darse el lujo de perder por completo por fuera de su(s) área(s) de conocimiento. Si decide invertir, invierta solo un poco en esas empresas.

PRINCIPIO 24: Nunca use sus ahorros para especular.

Haga un plan y un compromiso ahora de qué hacer cuando surja una «oportunidad de inversión».

_____

Resumen de la Parte II: el ataque

- Ataque económico significa tomar medidas para incrementar sus ingresos. Este es el primer enfoque de la solvencia más allá de los aspectos básicos porque hace hincapié en las actitudes de abundancia, liderazgo, innovación y empresariado.

- Los principios del ataque económico que se incluyen en la Segunda parte son los siguientes:

  ▷ PRINCIPIO 8: Las personas con la visión del dinero correcta se disciplinan para vivir los principios de la solvencia, para tomar decisiones financieras en función de una visión a largo plazo, adoptar el hábito de la gratificación posterior y emplear la naturaleza acumulativa del dinero a fin de materializar sus sueños.
  ▷ PRINCIPIO 9: Las personas solventes son ávidos lectores e invierten siempre en ellos mismos profundizando su educación, experiencia, habilidades, conocimiento y aptitudes, tanto económicas como de liderazgo.
  ▷ PRINCIPIO 10: Las personas solventes sobresalen en su trabajo y sus proyectos actuales a la vez que invierten en sí mismos para alcanzar su visión a largo plazo.
  ▷ PRINCIPIO 11: Nunca sacrifique sus principios por dinero ni por posesiones. Sea honesto. Conserve su integridad. Mantenga el orden correcto de sus prioridades.
  ▷ PRINCIPIO 12: Dedíquese a especializarse en lo que hace (lleva alrededor de 10.000 horas).
  ▷ PRINCIPIO 13: Las personas solventes no se preguntan: «¿Nos podemos dar el lujo?», sino que se cuestionan: «¿*Realmente* queremos esto? ¿Servirá a nuestro objetivo y sueño? ¿*Cómo* lo hará? ¿De qué formas puede ser una distracción? ¿Costará más dinero mantenerlo o sostenerlo (mediante cosas como seguros o tarifas anuales)? ¿Qué serviría más a nuestro objetivo y a nuestra visión, ahorrar o invertir un mismo monto ? ¿Es *este* es el mejor momento para realizar esta compra o sería más económico, o simplemente mejor, para nuestra familia o negocio hacerla después?». Las personas solventes cultivan el hábito de negarse a realizar compras, incluso cuando pueden hacerlas sin problemas, y también de ahorrar o invertir gran parte de su dinero.
  ▷ PRINCIPIO 14: Las personas solventes analizan sus movimientos —tanto de vida como económicos— y trabajan para romper con los malos hábitos y profundizar los buenos. Las personas solventes consideran y eligen los hábitos que quieren y necesitan para lograr el sueño de su vida.
  ▷ PRINCIPIO 15: Sea dueño de su propio negocio, aunque solo comience trabajando en él a medio tiempo. Puede aplicar todos los otros principios de este libro y acumular riquezas con el paso del tiempo, pero quienes los aplican en su propio negocio pueden enriquecerse con mucha mayor rapidez.
  ▷ PRINCIPIO 16: Aumente su ingreso pasivo al punto que ocurra lo siguiente 1. la mayor parte de su ingreso sea pasivo, y 2. pueda vivir de su ingreso pasivo.
  ▷ PRINCIPIO 17: La jubilación no debe ser una cuestión de edad, sino que debe basarse en contar con suficiente ingreso pasivo para mantenerse de por vida. La jubilación implica apartarse de las cosas que no son parte de su objetivo para que pueda concentrarse en el trabajo fructífero de la misión de su vida.

▷ PRINCIPIO 18: Para lograr el verdadero éxito económico, concéntrese en estas cosas: 1. Destáquese verdaderamente en su trabajo y en sus proyectos actuales, y, al mismo tiempo, inicie su propio negocio. 2. Dedique las 10.000 horas que se necesitan aproximadamente para obtener el dominio de actividad sin dejar de distinguirse en su trabajo actual. 3. Haga un plan para conseguir la libertad económica alcanzando el punto en el cual el ingreso pasivo de su negocio cubra con creces las necesidades de su familia. 4. Finalmente, una vez que tenga libertad económica, concéntrese en construir su negocio al punto en que pueda financiar el objetivo de su vida. Cada uno de estos pasos requiere la máxima concentración, y deben realizarse de a uno a la vez. Cuando haya logrado uno de ellos, vaya al siguiente y préstele el mismo nivel de atención.

▷ PRINCIPIO 19: Encuentre buenos asesores y présteles verdadera atención.

▷ PRINCIPIO 20: Use el dinero de forma productiva —colóquelo allí donde le reporte más de lo que pone—, en vez de gastarlo de forma improductiva. En lo mejor que puede invertirlo es en usted y en su negocio. Use parte de sus ahorros con sabiduría y de forma adecuada a fin de aumentar sus activos y ganancias comerciales.

▷ PRINCIPIO 21: Aparte algo de dinero a fin de prepararse para el peor escenario posible. No se obsesione con esto, pero tampoco lo ignore.

▷ PRINCIPIO 22: Genere un fondo de ahorros con objetivos específicos para las cosas que quiere comprar más adelante. Incremente este fondo de forma constante y compre artículos de consumo en efectivo (sin financiación).

▷ PRINCIPIO 23: Solo invierta el dinero que puede darse el lujo de perder por completo por fuera de su(s) área(s) de conocimiento. Si decide invertir, invierta solo un poco en esas empresas.

▷ PRINCIPIO 24: Nunca use sus ahorros para especular.

- Asegúrese de tomarse un momento y pensar cómo usar todos estos principios en su vida, y agregarlos a su plan económico por escrito.

Respuestas de los espacios en blanco para la Parte II. Posición delantera:
ABUNDANCIA, MAXIMIZAR, HERRAMIENTA, USTED, ABUNDANCIA, USTED MISMO, INTELECTO, PLACER, OBJETIVO, PERCEPCIÓN, GANADORES, PERDEDORES, COMPUESTO, INTERESA, NO, ESPEREMOS, DESPILFARRA, RECHACE, CULTIVE, ESPOSA, MIEDO, VOLVERSE RICO, DERROTADOS, IDIOTAS, GALLINA, DE, LOS, HUEVOS, DE, ORO, PASIONES, GASTO, DINERO, SATISFACCIÓN, DISCIPLINA, PRODUCTIVA, EXTREMOS, PROBLEMA, GALLINA, FINANCIAR, RECREACIÓN, ACTIVO, USTED, PRIMER, ACUMULAR, SIMPLIFICAR

TERCERA PARTE

LA DEFENSA

«¡AL MARISCAL DE CAMPO!»

CAPÍTULO DIECISÉIS
Mitos sobre la deuda

La clave es _____ todo ahora. Pague todo en la medida que consuma.

PRINCIPIO 25: Deshágase de la deuda.

PRINCIPIO 26: Si no tiene solidez económica, no quede atrapado en la maraña de las «deudas comerciales».

PRINCIPIO 27: No use tarjetas de crédito para mejorar su situación crediticia porque esto casi siempre lleva a que las personas contraigan mayores deudas.

PRINCIPIO 28: Nunca empeñe sus títulos, ni aproveche los préstamos «a noventa días, igual que en efectivo», préstamos del día de pago, planes de alquiler con opción a compra, deudas con apartado, ni esquemas similares.

PRINCIPIO 29: Considere su(s) automóvil(es) como medio(s) de transporte, no símbolo(s) de estatus. Ahorre y pague siempre en efectivo.

1. El millonario promedio compra un automóvil _____.
    a) de tres años de edad   c) de dos años de edad
    b) nuevo   d) de un año de edad

2. El millonario promedio tiene un pago mensual _____ por el automóvil.
    a) USD 300   c) USD 450
    b) USD 650   d) USD 0

Respuestas
   1. c) El millonario promedio compra un automóvil de dos años de edad.
   2. d) El millonario promedio tiene un pago mensual de USD 0 por el automóvil.

PRINCIPIO 30: Para muchas personas, las tarjetas de débito siempre son mejores que las de crédito; el efectivo es incluso mejor.

PRINCIPIO 31: Enséñeles a sus hijos y a los jóvenes sobre los principios de la solvencia. Enseñe con el ejemplo. Orientarlos les servirá a ellos y también a usted.

PRINCIPIO 32: Si no es rico, no se deje absorber por las segundas hipotecas.

CAPÍTULO DIECISIETE

Salir de la deuda

«El presupuesto no es una línea dibujada en la arena. Es una _____ _____ _____». Kristine Militello

«Contar con más dinero no soluciona el problema hasta que realmente _____ su economía y se haga cargo de ella». Marc Militello

PRINCIPIO 33: Use el método de la reestructuración para pagar todas las deudas con tarjetas de crédito y, luego, aplíquelo a todas sus otras deudas.

Quizás no necesite vender nada para conseguir poner en marcha su programa de reestructuración de la deuda, pero piense en lo que podría vender para conseguir un poco de dinero adicional en poco tiempo. Enumere diez cosas que usted podría vender con bastante rapidez a través de una venta de garaje o la publicidad en línea. Piense en los elementos que no utilice y que ya no tenga la necesidad de mantener.

1. _____
2. _____
3. _____
4. _____
5. _____
6. _____
7. _____
8. _____
9. _____
10. _____

Instrucciones de reestructuración de la deuda

¡Preparémonos para erradicar este cáncer llamado deuda! La idea del método de reestructuración de la deuda es sencilla: Debido al alto interés, comience con su deuda de consumidor, en especial, las tarjetas de crédito. Haga una lista de sus tarjetas ordenándolas del menor al mayor saldo. Si tiene que elegir entre dos tarjetas con poco saldo, pague primero la que tenga el mayor interés. El objetivo es librarse del desbarajuste de todos los pagos pequeños y cancelar primero las deudas más fáciles. Decida sobre un porcentaje o monto de dinero fijo que pueda agregar todos los meses a los pagos mínimos de sus deudas y automatice esto tanto como que pueda.

Si percibe ganancias o ingresos inesperados, agréguelos a la tarjeta con mejor saldo. Venda cosas de su garaje o depósito, u otras cosas que no necesita. El objetivo es cancelar la deuda con su tarjeta lo más rápido posible.

Una vez que haya cancelado toda la deuda con la primera tarjeta, mantenga el mismo monto para la tarjeta con el siguiente saldo más bajo. Aplique un enfoque similar y pague toda la deuda con esta tarjeta, lo más pronto posible. Para ser claros, cada vez que cancele toda la deuda con una tarjeta, agregue al pago de su siguiente tarjeta lo que pagaba por su otra tarjeta. De modo que cuando pague una deuda en su totalidad y reestructure el pago de la siguiente, ganará impulso. Siga haciendo lo mismo con cada tarjeta hasta que haya cancelado las deudas de sus tarjetas de crédito. En ese punto, aplique el mismo método de reestructuración a sus otras deudas, comenzando con las que tienen las mayores tasas de interés.

Este ejemplo muestra una lista de deudas desde el menor hasta el mayor saldo. El monto total de pagos mínimos equivale a USD 440. Una vez que haya cancelado toda la deuda de la primera tarjeta, agregue los USD 20 que destinaba a pagar esa deuda al pago de la segunda deuda. El nuevo pago (que siempre es el total de los pagos de las deudas anteriores más el pago de la deuda actual) para la segunda deuda es ahora de USD 60 y se siguen destinando USD 440 a la deuda total. El siguiente ejemplo muestra cómo debe lucir su formulario a medida que se salden por completo las deudas:

Sin el método de reestructuración de deudas, le llevaría trece años pagar por completo estas deudas, y pagaría USD 7.139 en intereses. Con el método de reestructuración de deudas, le llevaría solo *dos años y nueve meses* pagarlas en su totalidad y se ahorraría *¡USD 3.890* en intereses!

Este ejemplo muestra solo los pagos mínimos. Imagine lo rápido que podría funcionar este método de reestructuración si se agregara un monto de dinero fijo todos los meses. Si agrega USD 50 por mes a este ejemplo, la deuda quedaría totalmente cancelada en dos años y seis meses, y se ahorraría USD 4.275 en intereses. Si se agregan USD 100 por mes a este ejemplo, la deuda quedaría totalmente cancelada en dos años y seis meses, y se ahorraría USD 4.578 en intereses. Y si agrega USD 200 extras todos los meses podría pagar la deuda en su totalidad en un año y diez meses mientras ahorra casi USD 5.000 en intereses.

Cada vez que pague una deuda, táchela por completo. ¡Guarde este documento para que pueda ver sus victorias y lo cerca que está de deshacerse de este cáncer!

Reestructuración de la deuda

Artículo	Liquidación total	Pago mínimo	Tasa de interés	Nuevo pago
Tienda departamental	USD 500	USD 20	18 %	USD 20
Tienda de muebles	USD 1.000	USD 40	22 %	USD 60
MasterCard	USD 2.000	USD 80	19 %	USD 140
American Express	USD 3.000	USD 120	19 %	USD 260
Visa	USD 4.500	USD 180	20 %	

Reestructuración de la deuda

Artículo	Liquidación total	Pago mínimo	Tasa de interés	Nuevo pago

CAPÍTULO DIECIOCHO

No sea normal

Las personas comunes están _____. No sea normal en lo referente a economía.

Reduzca lo _____ para que la vida sea menos complicada.

Acumule sabiduría antes que _____.

Si está en paz con _____, ¿a quién más necesita impresionar?

PRINCIPIO 34: Aprenda a ser escéptico ante la publicidad, los medios de comunicación y el marketing.

PRINCIPIO 35: Acumule lo material de a poco; elabore un inventario de sus recursos y conocimientos, no de sus objetos.

*Paso de acción:

Revise su garaje o zona de almacenamiento y considere de qué «cosas» usted puede deshacerse para reducir el desorden y tal vez obtener algo de dinero adicional.

PRINCIPIO 36: Resuelva su situación con Dios, aplique los verdaderos principios en todos los aspectos de su vida, incluida la economía, ejerza su cometido, sirva al prójimo... y deje que Dios se ocupe de impresionar a los demás.

PRINCIPIO 37: No compre cosas a crédito. El financiamiento inteligente de inversiones comerciales puede ser una buena opción, pero comprar cosas a crédito es como un cáncer. ¡Erradíquelo!

Si usted ha comprado cosas a crédito, ¿cómo va el plan de reestructuración de la deuda? ¿Cuánto debe por lo que compró a crédito?

_____

_____

PRINCIPIO 38: Haga que los recuerdos sean parte de su estilo de vida, su presupuesto y su plan de vida. Comience con recuerdos simples y luego agregue algunos más grandes.

Nombre dos de los mejores recuerdos que tiene con su familia o amigos. ¿Qué los hizo especiales?

_____

_____

Planifique algo en las próximas veinticuatro horas que le genere un aporte significativo a sus recuerdos.

_____

_____

Escriba por lo menos dos grandes actividades para generar recuerdos que está planeando hacer en los próximos doce meses.

_____

_____

CAPÍTULO DIECINUEVE

Diez zonas peligrosas de la economía

PRINCIPIO 39: Tenga mucho pero mucho cuidado al tomar decisiones sobre las zonas de riesgo: impuestos, propiedad del hogar, divorcios, tarjetas de crédito, demandas, seguros, búsqueda de estatus, universidad, adicciones e inversiones. Asesórese con sus mentores económicos y estudie las propuestas en detalle antes de tomar decisiones.

¿Se ha «quemado» con una o más de estas zonas de riesgo? Si es así, ¿cuáles?

_____

_____

¿Se está acercando se está involucrado en una o más de estas áreas? ¿Cuál(es)? ¡Pise con cuidado!

_____

_____

CAPÍTULO VEINTE

Lo que significa merecer

Nunca financie algo que se _____ (excepto su hogar).

PRINCIPIO 40: Si compra una casa, siga la regla de la duplicación. Por ejemplo, si su ingreso es de USD 50.000 al año, no compre una casa que cueste más de USD 100.000. Si quiere una casa más grande, gane más dinero.

¿Cuánto es su ingreso anual?
USD _____

De acuerdo con la regla de la duplicación, ¿cuál es la cantidad máxima que debe costar su hogar? USD USD _____

Si usted es dueño de un hogar, ¿cuál es su hipoteca actual?
USD _____

Si alquila su hogar, sus costos mensuales de alquiler no deben superar el 25-35 % del ingreso neto que lleva a su casa. ¿Cuál es su salario neto mensual?
USD _____

¿Cuánto es el alquiler mensual?
USD _____

¿Qué porcentaje de su salario neto es la renta? _____%

PRINCIPIO 41: Si no es solvente y tiene muchos «juguetes», significa que, en realidad, no los merece y está usando sus ahorros o el dinero que tomó prestado en las cosas equivocadas. Si ya ha cancelado todas sus deudas, sigue las pautas de ahorro mencionadas en los principios anteriores y, si tiene el efectivo, usted puede comprar algunos «juguetes» y seguir siendo solvente.

Resumen de la Tercera parte: defensa

- Los principios de la defensa económica incluyen lo siguiente:
  - ▷ PRINCIPIO 25: Deshágase de la deuda.
  - ▷ PRINCIPIO 26: Si no tiene solidez económica, no quede atrapado en la maraña de las «deudas comerciales».

- ▷ PRINCIPIO 27: No use tarjetas de crédito para mejorar su situación crediticia porque esto casi siempre lleva a que las personas contraigan mayores deudas.
- ▷ PRINCIPIO 28: Nunca empeñe sus títulos, ni aproveche los préstamos «a noventa días, igual que en efectivo», préstamos del día de pago, planes de alquiler con opción a compra, deudas con apartado, ni esquemas similares.
- ▷ PRINCIPIO 29: Considere su(s) automóvil(es) como medio(s) de transporte, no símbolo(s) de estatus. Ahorre y pague siempre en efectivo.
- ▷ PRINCIPIO 30: Para muchas personas, las tarjetas de débito siempre son mejores que las de crédito; el efectivo es incluso mejor.
- ▷ PRINCIPIO 31: Enséñeles a sus hijos y a los jóvenes sobre los principios de la solvencia. Enseñe con el ejemplo. Orientarlos les servirá a ellos y también a usted.
- ▷ PRINCIPIO 32: Si no es rico, no se deje absorber por las segundas hipotecas.
- ▷ PRINCIPIO 33: Use el método de la reestructuración para pagar todas las deudas con tarjetas de crédito y, luego, aplíquelo a todas sus otras deudas.
- ▷ PRINCIPIO 34: Aprenda a ser escéptico ante la publicidad, los medios de comunicación y el marketing.
- ▷ PRINCIPIO 35: Acumule lo material de a poco; elabore un inventario de sus recursos y conocimientos, no de sus objetos.
- ▷ PRINCIPIO 36: Resuelva su situación con Dios, aplique los verdaderos principios en todos los aspectos de su vida, incluida la economía, ejerza su cometido, sirva al prójimo... y deje que Dios se ocupe de impresionar a los demás.
- ▷ PRINCIPIO 37: No compre cosas a crédito. El financiamiento inteligente de inversiones comerciales puede ser una buena opción, pero comprar cosas a crédito es como un cáncer. ¡Erradíquelo!
- ▷ PRINCIPIO 38: Haga que los recuerdos sean parte de su estilo de vida, su presupuesto y su plan de vida. Comience con recuerdos simples y luego agregue algunos más grandes.
- ▷ PRINCIPIO 39: Tenga mucho pero mucho cuidado al tomar decisiones sobre las zonas de riesgo: impuestos, propiedad del hogar, divorcios, tarjetas de crédito, demandas, seguros, búsqueda de estatus, universidad, adicciones e inversiones. Asesórese con sus mentores económicos y estudie las propuestas en detalle antes de tomar decisiones.
- ▷ PRINCIPIO 40: Si compra una casa, siga la regla de la duplicación. Por ejemplo, si su ingreso es de USD 50.000 al año, no compre una casa que cueste más de USD 100.000. Si quiere una casa más grande, gane más dinero.
- ▷ PRINCIPIO 41: Si no es solvente y tiene muchos «juguetes», significa que, en realidad, no los merece y está usando sus ahorros o el dinero que tomó prestado en las cosas equivocadas. Si ya ha cancelado todas sus deudas, sigue las pautas de ahorro mencionadas en los principios anteriores y, si tiene el efectivo, usted puede comprar algunos «juguetes» y seguir siendo solvente.

Respuestas de los espacios en blanco para la Parte III. Posición defensiva:
PAGAR, MURALLA, DE, PIEDRA, ENTIENDA, EN, QUIEBRA, MATERIAL, APARATOS, DIOS, DEVALÚA

CUARTA PARTE

JUGAR EN EL CENTRO

«¡NO EN LA CASA!»

CAPÍTULO VEINTIUNO

Las primeras tres preguntas importantes sobre economía

Las personas que viven en economías de libre empresa experimentan mayores niveles de _____ y _____.

Este es uno de los patrones que se repiten en la historia: Todo gobierno, en algún momento, busca _____ su _____.

Las constituciones están por encima de las _____ y todas las leyes en los países verdaderamente libres deben respetar la _____.

Cuando se _____ la libre empresa, siempre aumentan los obstáculos a la _____.

PRINCIPIO 42: Estudiar y entender la libre empresa es una parte esencial de la solvencia.

¿Cuál es su plan para estudiar la libertad y la libre empresa?
_____
_____

PRINCIPIO 43: Las personas solventes que desean mantener un entorno que fomente la oportunidad y la prosperidad suelen prestarles atención a los principios de libertad y a las acciones en curso del gobierno.

¿Ha notado que su gobierno local y nacional se arrastra lentamente hacia una economía dirigida? Si es así, ¿de qué manera?
_____
_____

CAPÍTULO VEINTIDÓS

La cuarta pregunta importante sobre economía: ¿La economía es tan buena como el oro?

El _____ es la única moneda que ha demostrado que puede tener todas las propiedades importantes del dinero.

PRINCIPIO 44: Además de efectivo, ahorre en alguna otra forma que no sea en dinero fiduciario.

¿Cuánto oro o plata tiene?
_____
_____

¿Cuál es su plan para adquirir algo de oro?
_____
_____

CAPÍTULO VEINTITRÉS

Una breve historia sobre el oro

Invertir en metal es como _____ _____.

PRINCIPIO 45: Investigue las inversiones en metal, o las de cualquier otro tipo, antes de efectuar una compra. Haga su tarea. Tómese su tiempo.

¿Ya tiene conocimientos sobre el oro y otros metales preciosos? Si es así, transmítaselos a otros. Si no, ¿cuál es su plan para obtener más información sobre este tema?
_____
_____

CAPÍTULO VEINTICUATRO
La quinta pregunta importante sobre economía: ¿Cuál es su emprendimiento?

El _____ colectivo, elegido individualmente, de una nación de personas libres es una de las fuerzas más poderosas de la historia de la _____.

PRINCIPIO 46: Invierta aún más en usted: aprenda a ser la clase de persona que participa una y otra vez en el tipo de vida emprendedor, creativo y apasionado. Llene sus días de emprendimientos, proyectos, acciones y cosas importantes. Enséñeles a sus hijos y a sus colegas a hacer lo mismo. Conviértase en esa clase de persona y líder que trabaja una y otra vez en su emprendimiento actual.

CAPÍTULO VEINTICINCO
El camello en la tienda de campaña

Si los _____ tienen _____ de acción, traerán más abundancia a las naciones en la que trabajan.

¿Conoces la historia del sistema monetario de su nación? ¿A qué distancia está el camello en su tienda?
_____
_____

¿Cuál es su plan para ayudar a que el animal apestoso esté fuera?
_____
_____

¿Cuál es su plan económico si el animal se mete bien adentro (o incluso si ya lo está)?
_____
_____

CAPÍTULO VEINTISÉIS

Prepárese para el futuro

Los principios básicos de la _____ _____ también se aplican en forma directa a grandes instituciones y _____.

Las _____ —y los _____— más exitosas se rigen por un patrón similar.

Solvencia significa vivir el tipo de vida que genera éxito _____ ; no es un esquema para «hacerse rico rápidamente», sino un plan _____ _____ _____ para concentrarse en principios económicos efectivos.

PRINCIPIO 47: Estudie las fortalezas y las debilidades de su país, así como las de la economía nacional (y las de otros países en los que haga negocios). Al hacerlo, emplee su sentido común para considerar posibles recesiones y prepararse para ellas.

¿Cómo avanza la Jerarquía de inversión en USTED, Inc.? ¿Cómo ha estado invirtiendo en usted mismo?
_____
_____

¿Ya ha comenzado un negocio? Sí/no. Si la respuesta es no, ¿cuáles son sus planes para comenzar uno?
_____
_____

¿Cuánto tiene en su fondo de emergencia?
USD _____

¿Cómo está progresando su ahorro de supervivencia y preparación?
_____
_____

Aparte de una hipoteca de la casa, ¿cuánta deuda que le queda?
USD _____

¿Todavía tiene algún dinero en sus ahorros a largo plazo? Sí/No. Si la respuesta es sí, ¿cuánto? USD _____

¿A qué reunión(es) local(es) va a asistir este mes para conocer a su comunidad y forjar relaciones? (Ejemplos: reunión política de distrito, reuniones de asociación de propietarios en su vecindario, grupos de «encuentros», taller de negocios abierto, evento social de la iglesia, etcétera).

_____
_____
_____
_____
_____

Resumen de la Parte IV: jugar en el centro

- Entre los principios cubiertos en esta sección se encuentran:

  ▷ PRINCIPIO 42: Estudiar y entender la libre empresa es una parte esencial de la solvencia.
  ▷ PRINCIPIO 43: Las personas solventes que desean mantener un entorno que fomente la oportunidad y la prosperidad suelen prestarles atención a los principios de libertad y a las acciones en curso del gobierno.
  ▷ PRINCIPIO 44: Además de efectivo, ahorre en alguna otra forma que no sea en dinero fiduciario.
  ▷ PRINCIPIO 45: Investigue las inversiones en metal, o las de cualquier otro tipo, antes de efectuar una compra. Haga su tarea. Tómese su tiempo.
  ▷ PRINCIPIO 46: Invierta aún más en usted: aprenda a ser la clase de persona que participa una y otra vez en el tipo de vida emprendedor, creativo y apasionado. Llene sus días de emprendimientos, proyectos, acciones y cosas importantes. Enséñeles a sus hijos y a sus colegas a hacer lo mismo. Conviértase en esa clase de persona y líder que trabaja una y otra vez en su emprendimiento actual.
  ▷ PRINCIPIO 47: Estudie las fortalezas y las debilidades de su país, así como las de la economía nacional (y las de otros países en los que haga negocios). Al hacerlo, emplee su sentido común para considerar posibles recesiones y prepararse para ellas.

- Comience a estudiar las finanzas, la libertad y la economía.

Respuestas de los espacios en blanco para la Parte IV. Jugar en el centro:
LIBERTAD, PROSPERIDAD, AUMENTAR, PODER, LEYES, CONSTITUCIÓN, DETERIORA, AUMENTA, ORO, CONGELAR, FRUTOS, EMPRENDIMIENTO, HUMANIDAD, LOS EMPRENDEDORES, LIBERTAD, ECONOMÍA, PERSONAL, GOBIERNOS, PERSONAS, GOBIERNOS, ECONÓMICO, A, LARGO, PLAZO

Conclusión

Hágalo y considerará este día como un _____ _____ en su vida.

Es increíble cuán simple es _____ _____, y, sin embargo, tantas personas no se molestan en hacerlo. ¡Sea diferente!

¿Es usted uno de los _____, emprendedores y soñadores que saldrá al ruedo y se arriesgará a tener éxito? El _____ necesita que sea solvente. ¡Es hora de tomar posición!

Nombra a cinco personas con las que va a compartir estos principios y este programa a fin de ayudarlos a volverse solventes y de ayudar a fortalecer su comunidad con este conocimiento.
1.
2.
3.
4.
5.

Llene el espacio en blanco para Conclusión:
PUNTO, DE, INFLEXIÓN, VOLVERSE, SOLVENTE, LÍDERES, MUNDO

Formularios de administración económica

INTRODUCCIÓN

¡Aquí es donde comienza el maravilloso mundo de la administración del ingreso de efectivo! Lo sabemos, lo sabemos: está tan emocionado. Ahora bien, si no suele ser una persona detallada, puede parecerle un poco intimidante al principio, pero no se preocupe. Vamos a explicarle esto paso a paso.

Al completar solo algunos formularios, su nuevo plan económico comenzará a desarrollarse ante sus ojos. También comenzará a identificar las áreas problemáticas y aprender cómo tapar los agujeros de los gastos innecesarios. ¡Usted experimentará una nueva sensación de poder al decidir exactamente adónde tiene que ir!

La primera vez que complete estos formularios puede tardar un poco. También puede tener que enfrentarse a la brutal realidad de los malos hábitos que lo llevaron a este punto. Sin embargo, después de esta primera puesta en marcha, mejorará sin parar hasta que la administración de sus ingresos en efectivo sea algo automático.

Complete todo el conjunto de formularios para empezar. Luego, solo tendrá que completar el «Plan mensual de ingresos de efectivo» (presupuesto) una vez al mes. Este proceso solo durará unos treinta minutos al mes una vez que se acostumbre. También le convendrá actualizar todos los formularios cada pocos meses o cuando experimente un dramático acontecimiento económico, ya sea positivo o negativo (como recibir un bono inesperado o tener que pagar una gran cuenta por la reparación del automóvil).

El primer formulario es una lista de las partes principales de un plan económico. Lo ayudará a establecer un plan de acción para ponerse manos a la obra. Este formulario también es un contrato personal con usted. Lo ayudará a alcanzar la mentalidad de un vencedor, y no de una víctima. Asuma toda la responsabilidad de su economía. Llene el formulario y comprométase con su futuro. Después de eso, los formularios lo ayudarán a obtener una imagen clara de su situación y también le permitirán prepararse para su Plan mensual de ingresos en efectivo (presupuesto).

¿Está listo? ¡Vamos a mostrarles a esos dólares quién es el jefe!

Plan de acción económica

	Acciones necesarias	Fecha meta	Fecha en que se cumplió
Plan mensual escrito de ingresos en efectivo	Complete el primer presupuesto	AHORA	1 de mayo
Plan de reducción de la deuda	Comienzo de reestructuración de la deuda	15 de mayo	
Plan de exenciones impositivas	negocio comenzado, conocer al contador certificado	1 de junio	
Fondo de ahorro para emergencias	abrir cuenta de ahorro	3 de mayo	
Fondos de ahorro a largo plazo	abrir cuenta de ahorro	1 de agosto	
Donaciones caritativas o dar el diezmo	empezar a dar el diezmo	15 de mayo	
Tabla de sueños o visión	plan con la familia	10 de mayo	
Desarrollo personal	iniciar un programa	30 de mayo	
Iniciar mi negocio	hecho	NA	NA
Enseñarles a mis hijos	planificar con la esposa	15 de junio	
Preparación para la supervivencia Planificación	planificar con la esposa	5 de mayo	
Seguro de vida	hecho	NA	NA
Seguro de salud	hecho	NA	NA
Seguro de incapacidad	NA	NA	NA
Seguro de automotor	comprobar los detalles de las pólizas actuales	Esta semana	
Seguro de propiedad	comprobar el costo del repuesto	Esta semana	
El testamento y las bienes raíces Planificación	organizar una cita con el abogado	1 de julio	

Yo (Nosotros), __Fred y Martha Snodgrass__, (a) adulto(s) responsable(s), por la presente prometo(emos) asumir la plena responsabilidad de mi (nuestro) futuro económico y realizar las acciones mencionadas en las fechas estipuladas para asegurar el bienestar de mi (nuestra) familia y yo mismo (nosotros mismos).

Firmado: *Fred Snodgrass* Fecha: __1 de mayo__

Firmado: *Martha Snodgrass* Fecha: __1 de mayo__

Plan de acción económica

Acciones necesarias	Fecha meta	Fecha en que se cumplió
Plan mensual escrito de ingresos en efectivo			
Plan de reducción de la deuda			
Plan de exenciones impositivas			
Fondo de ahorro para emergencias			
Fondos de ahorro a largo plazo			
Donaciones caritativas o dar el diezmo			
Tabla de sueños o visión			
Desarrollo personal			
Iniciar mi negocio			
Enseñarles a mis hijos Preparación para la supervivencia Planificación			
Seguro de vida			
Seguro de salud			
Seguro de incapacidad			
Seguro de automotor			
Seguro de propiedad			
El testamento y las bienes raíces Planificación			

Yo (Nosotros), _____, (a) adulto(s) responsable(s), por la presente prometo(emos) asumir la plena responsabilidad de mi (nuestro) futuro económico y realizar las acciones mencionadas en las fechas estipuladas para asegurar el bienestar de mi (nuestra) familia y yo mismo (nosotros mismos).

Firmado: _____ Fecha:_____

Firmado: _____ Fecha:_____

Declaración de valor neto

Artículo	Valor	− Deuda	= Participación en la propiedad
Bienes raíces	USD 150.000	USD 165.000	−USD 15.000
Bienes raíces			
Automóvil _Furgoneta_	USD 15.000	USD 7.000	USD 5.000
Automóvil _Camión_	USD 7.000	USD 2.000	USD 5.000
Efectivo disponible	USD 500		USD 500
Cuenta corriente	USD 2.500		USD 2.500
Cuenta corriente			
Cuenta de ahorros	USD 1.700		USD 700
Cuenta de mercado monetario	USD 1.800		USD 1.800
Fondos mutuos			
Plan de jubilación	USD 3.200		USD 3.200
Oro o plata	USD 2.100		USD 2.100
Valor en efectivo de seguro			
Artículos para el hogar	USD 7.500		USD 7.500
Joyería			
Antigüedades			
Barco			
Casa Rodante			
Deuda de tarjeta de crédito (negativa)		USD 13.000	−USD 13.000
Deuda no garantizada (negativa)			
Otro _Escritorio de madera enchapada_	USD 100	USD 400	−USD 300
Otro			
Otro			
Otro			
Total:	USD 191.400	USD 187.400	USD 4.000

Declaración de valor neto

Artículo	Valor	− Deuda	= Participación en la propiedad
Bienes raíces _____	_____	_____	_____
Bienes raíces _____	_____	_____	_____
Automóvil _____	_____	_____	_____
Automóvil _____	_____	_____	_____
Efectivo disponible	_____	_____	_____
Cuenta corriente	_____	_____	_____
Cuenta corriente	_____	_____	_____
Cuenta de ahorros	_____	_____	_____
Cuenta de mercado monetario	_____	_____	_____
Fondos mutuos	_____	_____	_____
Plan de jubilación	_____	_____	_____
Oro o plata	_____	_____	_____
Valor en efectivo de seguro	_____	_____	_____
Artículos para el hogar	_____	_____	_____
Joyería	_____	_____	_____
Antigüedades	_____	_____	_____
Barco	_____	_____	_____
Casa Rodante Deuda de tarjeta de crédito (negativa)	_____	_____	_____
Deuda no garantizada (negativa)	_____	_____	_____
Otro _____	_____	_____	_____
Otro _____	_____	_____	_____
Otro _____	_____	_____	_____
Otro _____	_____	_____	_____
Total:	_____	_____	_____

Fuentes de ingresos

Fuente	Cantidad	Fecha
Salario 1	USD 3.200	Primero del mes
Salario 2	USD 900	el 1 y el 15: USD 450 cada uno
Salario 3		
Bonos		
Negocios	USD 1.150	18 del mes
Pensión		
Ingreso en dividendos		
Regalías por el uso de marcas registradas		
Rentas		
Empleos secundarios	USD 75	promedio por mes
Pensión alimenticia		
Manutención de menores		
Desempleo		
Seguridad social		
Pensión		
Anualidad		
Ingresos por incapacidad		
Regalos en efectivo		
Fondo fiduciario		
Otro_____		
Otro_____		
Otro_____		
Total:	USD 5.325	

Fuentes de ingresos

Fuente	Cantidad	Fecha
Salario 1		
Salario 2		
Salario 3		
Bonos		
Negocios		
Pensión		
Ingreso en dividendos		
Regalías por el uso de marcas registradas		
Rentas		
Empleos secundarios		
Pensión alimenticia		
Manutención de menores		
Desempleo		
Seguridad social		
Pensión		
Anualidad		
Ingresos por incapacidad		
Regalos en efectivo		
Fondo fiduciario		
Otro_____		
Otro_____		
Otro_____		

Total: _____

Planificación de pagos periódicos

Hay muchos tipos de pagos comunes y recurrentes que no surgen todos los meses. Es importante esperarlos y prepararse, en vez de tratarlos como emergencias cuando llegan. Calcule el monto anual de cada artículo y divídalo por doce para determinar cuánto debe ahorrar cada mes en su presupuesto para cubrir estos gastos.

Artículo	Importe anual		Monto mensual
Reparaciones en el Hogar/ mantenimiento	USD 1.500	/ 12 =	USD 125
Seguro de propiedad	_____	/ 12 =	_____
Impuestos sobre la propiedad	_____	/ 12 =	_____
Honorarios de la Asociación de Propietarios	USD 1.380	/ 12 =	USD 115
Reemplazo de electrodomésticos	_____	/ 12 =	_____
Reemplazo de muebles	_____	/ 12 =	_____
Cuentas de atención médica	_____	/ 12 =	_____
Seguro de salud	_____	/ 12 =	_____
Seguro de vida	_____	/ 12 =	_____
Seguro de automóvil	_____	/ 12 =	_____
Reparación y registro del automóvil	USD 3.000	/ 12 =	USD 250
Reemplazo del auto	_____	/ 12 =	_____
Ropa	USD 400	/ 12 =	USD 34
Escuela	_____	/ 12 =	_____
Impuestos (autónomo)	_____	/ 12 =	_____
Vacaciones.	USD 2.000	/ 12 =	USD 167
Regalos (cumpleaños, aniversarios, etc.)	_____	/ 12 =	_____
Navidad	_____	/ 12 =	_____
Otro_____	_____	/ 12 =	_____
Otro_____	_____	/ 12 =	_____

Planificación de pagos periódicos

Hay muchos tipos de pagos comunes y recurrentes que no surgen todos los meses. Es importante esperarlos y prepararse, en vez de tratarlos como emergencias cuando llegan. Calcule el monto anual de cada artículo y divídalo por doce para determinar cuánto debe ahorrar cada mes en su presupuesto para cubrir estos gastos.

Artículo	Importe anual		Monto mensual
Reparaciones en el Hogar/mantenimiento	_____	/ 12 =	_____
Seguro de propiedad	_____	/ 12 =	_____
Impuestos sobre la propiedad	_____	/ 12 =	_____
Honorarios de la Asociación de Propietarios	_____	/ 12 =	_____
Reemplazo de electrodomésticos	_____	/ 12 =	_____
Reemplazo de muebles	_____	/ 12 =	_____
Cuentas de atención médica	_____	/ 12 =	_____
Seguro de salud	_____	/ 12 =	_____
Seguro de vida	_____	/ 12 =	_____
Seguro de automóvil	_____	/ 12 =	_____
Reparación y registro del automóvil	_____	/ 12 =	_____
Reemplazo del auto	_____	/ 12 =	_____
Ropa	_____	/ 12 =	_____
Escuela	_____	/ 12 =	_____
Impuestos (autónomo)	_____	/ 12 =	_____
Vacaciones.	_____	/ 12 =	_____
Regalos (cumpleaños, aniversarios, etc.)	_____	/ 12 =	_____
Navidad	_____	/ 12 =	_____
Otro_____	_____	/ 12 =	_____
Otro_____	_____	/ 12 =	_____

Instrucciones para el presupuesto o plan mensual de ingresos en efectivo

Cada dólar de sus ingresos debe asignarse a alguna categoría de este formulario. Cuando haya terminado, el total de sus ingresos menos los gastos deben equivaler a cero. Si no es ese el resultado, entonces debe ajustar algunas categorías (como la reducción de la deuda, las donaciones o el ahorro) para que el resultado de cero. Use aquí también un poco de sentido común. No deje ciertas categorías, como ropa, reparaciones de vehículos o mejoras en el hogar, fuera de esta lista. Si no las planifica, entonces solo está preparándose para el futuro fracaso.

Sí, sabemos que este presupuesto es largo. Tratamos de enumerar prácticamente todo gasto imaginable a fin de evitar que olvide algo. No espere completar todas las líneas de las categorías. Aproveche solo las que son relevantes para su situación específica.

Si hay una diferencia sustancial entre lo que presupuestó y lo que gastó, entonces usted tendrá que reajustar el presupuesto para compensar la diferencia. Si continuamente, durante dos o tres meses, una categoría sobrepasa o no llega al monto presupuestado, entonces usted necesita ajustar el monto presupuestado en consecuencia. Planifique revisar su presupuesto una vez por mes, ya que cada mes es distinto.

Verá tres columnas: Gastos personales, Pagos mensuales y Saldo. La cifra de Pagos mensuales es el monto presupuestado para esa categoría, incluso para los gastos no mensuales. La columna de Saldo muestra cuánto más necesita acumular a fin de poder comprar los artículos para los que está ahorrando y cuánto adeuda todavía. Por eso, deberá aumentar algunos saldos y reducir otros.

También en el formulario encontrará un lugar para el seguimiento de su fondo de emergencias y el ahorro a largo plazo, así como otros planes de ahorro que pueda tener, como un plan 401k.

Notas:
- Un asterisco (*) junto a un elemento indica que es un área para la que sería especialmente útil utilizar el sistema de sobres en efectivo.
- No se olvide de incluir sus artículos con valores anuales de la hoja «Planificación de pago periódico» que antes completó, incluida la planificación de regalos de Navidad.
- Tome el monto total de ingresos de la página «Fuentes de ingresos» y escríbalo en el cuadro de Ingreso bruto mensual. También recuerde escribir su ingreso neto (después de pagar los impuestos) en el cuadro de Ingresos mensuales netos. No se mienta. «Bruto» es lo que le dice a sus amigos. «Neto» es lo que le dice a su cónyuge.

Mes: **septiembre**

Plan mensual de ingresos de efectivo

Gastos personales	Pagos mensuales	Saldo
Diezmo/iglesia/organización de beneficencia	USD 900	
USTED, Inc. (al menos, el 10 % de los ingresos)	USD 900	
Educación para el desarrollo personal	USD 210	
Capital e intereses de la primera hipoteca /renta	USD 1.200	
Segunda hipoteca o línea de crédito		
Otra hipoteca o gravamen		
Impuesto sobre bienes inmuebles (si no incluido)		
Seguro contra riesgos (si no está incluido)		
Honorarios de la Asociación de Propietarios		
*Mantenimiento del Hogar y reparaciones	USD 50	USD 150
Electricidad	USD 75	USD 150
Agua (o agua, alcantarillado y recogido de basura)	USD 62	
Alcantarillado		
Basura		
Gas natural	USD 32	
Teléfono		
Teléfono celular	USD 120	
*Alimentos/comestibles	USD 400	USD 400
Préstamo de automóvil	USD 125	USD 4.200
Préstamo de automóvil		
Préstamo de otro vehículo		
Gasolina	USD 210	
*Mantenimiento y reparación de automóvil	USD 200	USD 600
Seguro de automóvil	USD 95	
*Registro, licencia e impuestos de automóvil	USD 21	USD 63
*Reemplazo de automóvil		
*Gastos médicos	USD 25	USD 75
Cuentas de atención médica		
Seguro de salud	USD 300	
Seguro de vida	USD 63	
Pensión alimenticia		
Manutención de menores		
*Cuidado de niños		
*Servicios de niñera		
*Productos para bebés		
*Ropa		
*Servicio de limpieza o lavandería	USD 25	USD 35
Tarjeta de crédito	USD 42	USD 3.500
Tarjeta de crédito	USD 25	USD 1.800
Tarjeta de crédito		
Tarjeta de crédito		
Tarjeta de crédito		
Préstamo estudiantil		
Préstamo estudiantil		
Otros préstamos		

Gastos personales	Pagos mensuales	Saldo
*Navidad	USD 60	USD 180
*Regalos (cumpleaños, aniversario, etc.)	USD 10	USD 45
Cuotas de organización		
Suscripciones		
*Artículos de higiene	USD 40	USD 35
*Cosméticos	USD 30	USD 50
*Cuidado del cabello	USD 30	USD 50
*Matrícula escolar		
*Útiles escolares		
*Cuidado de mascotas		
*Clases		
*Salir a comer o restaurantes	USD 25	USD 30
*Reemplazo de muebles	USD 20	USD 60
*Vacaciones	USD 60	USD 180
Internet	USD 25	
Televisión por cable o satélite		
*Entretenimiento	USD 20	USD 20
*El dinero de él para gastar	USD 40	
*El dinero para que ella gaste	USD 60	
Otro: _____		
Otro: _____		
Otro: _____		
Gastos totales:	USD 5.500	

Ingresos mensuales	
Ingresos mensuales brutos	USD 9.000
Ingreso mensual neto (después de pagar los impuestos)	USD 5.500

Ingresos menos gastos	USD 0

(debe ser cero)

Ahorros	Cantidad	Valor
Fondo de emergencias		USD 16.500
Ahorro a largo plazo		USD 4.000
Oro (onzas)	3,25	USD 5.200
Plata (onzas)	204	USD 5.916
Plaza fijo, mercado financiero		
Plan de retiro/401k/IRA		
Acciones o bonos		
Total:		USD 31.616

Mes: _____

Plan mensual de ingresos de efectivo

Gastos personales	Pagos mensuales	Saldo	Gastos personales	Pagos mensuales	Saldo
Diezmo/iglesia/organización de beneficencia			*Navidad		
USTED, Inc. (al menos, el 10 % de los ingresos)			*Regalos (cumpleaños, aniversario, etc.)		
Educación para el desarrollo personal			Cuotas de organización		
Capital e intereses de la primera hipoteca /renta			Suscripciones		
Segunda hipoteca o línea de crédito			*Artículos de higiene		
Otra hipoteca o gravamen			*Cosméticos		
Impuesto sobre bienes inmuebles (si no incluido)			*Cuidado del cabello		
Seguro contra riesgos (si no está incluido)			*Matrícula escolar		
Honorarios de la Asociación de Propietarios			*Útiles escolares		
*Mantenimiento del Hogar y reparaciones			*Cuidado de mascotas		
Electricidad			*Clases		
Agua (o agua, alcantarillado y recogido de basura)			*Salir a comer o restaurantes		
Alcantarillado			*Reemplazo de muebles		
Basura			*Vacaciones		
Gas natural			Internet		
Teléfono			Televisión por cable o satélite		
Teléfono celular			*Entretenimiento		
*Alimentos/comestibles			*El dinero de él para gastar		
Préstamo de automóvil			*El dinero para que ella gaste		
Préstamo de automóvil			Otro:_____		
Préstamo de otro vehículo			Otro:_____		
Gasolina			Otro:_____		
*Mantenimiento y reparación de automóvil			**Gastos totales:**		
Seguro de automóvil					
*Registro, licencia e impuestos de automóvil			**Ingresos mensuales**		
*Reemplazo de automóvil			Ingresos mensuales brutos		
*Gastos médicos			Ingreso mensual neto (después de pagar los impuestos)		
Cuentas de atención médica					
Seguro de salud			Ingresos menos gastos		
Seguro de vida			(debe ser cero)		
Pensión alimenticia					
Manutención de menores					
*Cuidado de niños			**Ahorros**	**Cantidad**	**Valor**
*Servicios de niñera			Fondo de emergencias		
*Productos para bebés			Ahorro a largo plazo		
*Ropa			Oro (onzas)		
*Servicio de limpieza o lavandería			Plata (onzas)		
Tarjeta de crédito			Plaza fijo, mercado financiero		
Tarjeta de crédito			Plan de retiro/401k/IRA		
Tarjeta de crédito			Acciones o bonos		
Tarjeta de crédito				**Total:**	
Tarjeta de crédito					
Préstamo estudiantil					
Préstamo estudiantil					
Otros préstamos					

Instrucciones de reestructuración de la deuda

¡Preparémonos para erradicar este cáncer llamado deuda! La idea del método de reestructuración de la deuda es sencilla: Debido al alto interés, comience con su deuda de consumidor, en especial, las tarjetas de crédito. Haga una lista de sus tarjetas ordenándolas del menor al mayor saldo. Si tiene que elegir entre dos tarjetas con poco saldo, pague primero la que tenga el mayor interés. El objetivo es librarse del desbarajuste de todos los pagos pequeños y cancelar primero las deudas más fáciles. Decida sobre un porcentaje o monto de dinero fijo que pueda agregar todos los meses a los pagos mínimos de sus deudas y automatice esto tanto como que pueda.

Si percibe ganancias o ingresos inesperados, agréguelos a la tarjeta con mejor saldo. Venda cosas de su garaje o depósito, u otras cosas que no necesita. El objetivo es cancelar la deuda con su tarjeta lo más rápido posible.

Una vez que haya cancelado toda la deuda con la primera tarjeta, mantenga el mismo monto para la tarjeta con el siguiente saldo más bajo. Aplique un enfoque similar y pague toda la deuda con esta tarjeta, lo más pronto posible. Para ser claros, cada vez que cancele toda la deuda con una tarjeta, agregue al pago de su siguiente tarjeta lo que pagaba por su otra tarjeta. De modo que cuando pague una deuda en su totalidad y reestructure el pago de la siguiente, ganará impulso. Siga haciendo lo mismo con cada tarjeta hasta que haya cancelado las deudas de sus tarjetas de crédito. En ese punto, aplique el mismo método de reestructuración a sus otras deudas, comenzando con las que tienen las mayores tasas de interés.

Este ejemplo muestra una lista de deudas desde el menor hasta el mayor saldo. El monto total de pagos mínimos equivale a USD 440. Una vez que haya cancelado toda la deuda de la primera tarjeta, agregue los USD 20 que destinaba a pagar esa deuda al pago de la segunda deuda. El nuevo pago (que siempre es el total de los pagos de las deudas anteriores más el pago de la deuda actual) para la segunda deuda es ahora de USD 60 y se siguen destinando USD 440 a la deuda total. El siguiente ejemplo muestra cómo debe lucir su formulario a medida que se salden por completo las deudas:

Sin el método de reestructuración de deudas, le llevaría trece años pagar por completo estas deudas, y pagaría USD 7.139 en intereses. Con el método de reestructuración de deudas, le llevaría solo *dos años y nueve meses* pagarlas en su totalidad y se ahorraría ¡*USD 3.890* en intereses!

Este ejemplo muestra solo los pagos mínimos. Imagine lo rápido que podría funcionar este método de reestructuración si se agregara un monto de dinero fijo todos los meses. Si agrega USD 50 por mes a este ejemplo, la deuda quedaría totalmente cancelada en dos años y seis meses, y se ahorraría USD 4.275 en intereses. Si se agregan USD 100 por mes a este ejemplo, la deuda quedaría totalmente cancelada en dos años y seis meses, y se ahorraría USD 4.578 en intereses. Y si agrega USD 200 extras todos los meses podría pagar la deuda en su totalidad en un año y diez meses mientras ahorra casi USD 5.000 en intereses.

Cada vez que pague una deuda, táchela por completo. ¡Guarde este documento para que pueda ver sus victorias y lo cerca que está de deshacerse de este cáncer!

Reestructuración de la deuda

Artículo	Liquidación total	Pago mínimo	Tasa de interés	Nuevo pago
Tienda departamental	USD 500	USD 20	18 %	USD 20
Tienda de muebles	USD 1.000	USD 40	22 %	USD 60
MasterCard	USD 2.000	USD 80	19 %	USD 140
American Express	USD 3.000	USD 120	19 %	USD 260
Visa	USD 4.500	USD 180	20 %	

Reestructuración de la deuda

Artículo	Liquidación total	Pago mínimo	Tasa de interés	Nuevo pago

SUSCRIPCIONES

SERIE

Vivimos nuestras vidas en las ocho categorías de Fe, Familia, Economía, Solvencia, Seguimiento, Libertad, Amistad y Diversión. Las series mensuales LIFE de 4 CDs y un libro están diseñadas específicamente para brindarle información que le cambiará la vida en cada una de estas categorías. Si está interesado en una de estas áreas, o en las ocho, le encantará recibir verdades eternas y estrategias eficaces para vivir una vida de excelencia, presentadas de forma entretenida, inteligente, informada e introspectiva. Se ha dicho que la vida es nuestra, pero no es nuestra para desperdiciarla. ¡Suscríbase a la Serie LIFE hoy y aprenda como hacer que su vida valga la pena!

La serie LIFE: dedicada a ayudar a que la gente crezca en cada una de las ocho categorías: Fe, Familia, Economía, Solvencia, Seguimiento, Libertad, Amistad y Diversión.
Se envían 4 CDs y un libro todos los meses.
USD 50 más gastos de envío
El precio es tanto para Estados Unidos como para Canadá.

SERIE LLR

Todos seremos llamados a tomar la delantera en algún momento de nuestras vidas... por lo general, en varios momentos. La pregunta es si estaremos listos cuando sea el momento. La Serie LLR se basa en el éxito de ventas del *New York Times Lanzando una revolución sobre el liderazgo*, en la que los autores Chris Brady y Orrin Woodward nos explican el liderazgo de una forma que puede aplicarse a todos. Ya sea que busque un crecimiento corporativo o empresarial, tener influencia en su comunidad, el impacto religioso o un mejor cometido y eficacia en su hogar, los principios y detalles explicados en la Serie LLR le brindarán lo que necesita.

Los suscriptores recibirán 4 CDs y un libro sobre liderazgo todos los meses. Los temas tratados incluyen economía, liderazgo, discursos en público, actitud, fijación de objetivos, asesoramiento, planificación de tácticas, contabilidad y registro del progreso, niveles de motivación, niveles de influencia y legado personal.

¡Suscríbase a la Serie LLR y comience a aplicar estas verdades que le cambiarán la vida hoy!

La Serie LLR (siglas en inglés de Lanzando una revolución sobre el liderazgo) está dedicada a ayudar a otros a desarrollar su capacidad de liderazgo.
Se envían 4 CDs y un libro todos los meses.
USD 50 más gastos de envío
El precio es tanto para Estados Unidos como para Canadá.

¡No se pierda el programa 3 GRATIS!

Cuando un cliente o miembro se suscribe a uno o más paquetes, esa persona recibe un incentivo mayor para atraer a otros suscriptores.

¡Si un suscriptor suscribe a tres o más clientes por un monto igual o mayor, esa persona recibirá su próxima suscripción SIN COSTO!

SERIE AGO

Si ha seguido a Cristo toda su vida o acaba de comenzar el viaje, le damos la bienvenida a la experiencia de amor, alegría, comprensión y propósito que sólo Cristo puede ofrecerle. Esta serie está diseñada para alcanzar y nutrir los corazones de todos los niveles de la fe. Nuestros prestigiosos oradores e invitados especiales mejorarán su entendimiento del plan de Dios para su vida, su matrimonio, sus hijos y su carácter, al mismo tiempo que le brinda apoyo y consejos valiosos que resultarán de gran ayuda para todos los cristianos. Nutra su alma, refuerce su fe y encuentre respuestas mientras viaja o en la tranquilidad de su hogar con la Serie AGO.

Serie AGO (All Grace Outreach): dedicada a contribuir al crecimiento espiritual.
Se envía un CD y un libro todos los meses.
USD 25 más gastos de envío
El precio es tanto para Estados Unidos como para Canadá.

SERIE EDGE

Diseñada especialmente para los que se encuentran en el primer tramo de la vida, este es un enfoque experto y sin banalidades para aprender lo necesario para alcanzar el éxito.

No le preste atención al ruido generado por las opiniones de los demás sobre quién es y quién debería ser usted. En su lugar, averígüelo usted mismo de forma intensa, a partir de la información trascendental que pueden brindarle las personas que darían casi cualquier cosa por haber aprendido estas verdades mucho antes. Puede haberles llevado toda la vida descubrir la sabiduría y el conocimiento, pero ahora usted tiene la oportunidad de aprender de sus experiencias todos los meses.

Serie Edge: dedicada a ayudar al crecimiento de los jóvenes.
Se envía 1 CD todos los meses.
USD 10 más gastos de envío
El precio es tanto para Estados Unidos como para Canadá.

SERIE LIBERTAD

Si usted es un ciudadano amante de la libertad que quiere ganar una mayor comprensión de la importancia y el poder de la libertad, mantenerse informado sobre las cuestiones que afectan a su libertad y aprender más sobre lo que puede hacer para revertir algún declive y para liderar el mundo hacia una mayor libertad, la serie Libertad de LIFE es justo lo que necesita.

Serie Libertad: Dedicada a ayudar a las personas a entender el significado de la libertad.
Se envía 1 CD todos los meses.
USD 10 más gastos de envío
El precio es tanto para Estados Unidos como para Canadá.

BIBLIOTECA LIFE
incluye «radio de granujas»

La Biblioteca Life es el recurso permanente, con el último y mejor contenido sobre liderazgo de LIFE, tanto en formato de audio como video, ¡y nunca tiene hacer silencio en esta biblioteca!

¡VER, ESCUCHAR, APRENDER Y CRECER!

- Contenido en audio y vídeo: que cubre las ocho categorías (Fe, Familia, Economía, Solvencia, Seguimiento, Libertad, Amistad y Diversión) de LIFE.
- Contenido nuevo y exclusivo todos los meses.
- Líderes de la industria, incluidos los autores más vendidos, Orrin Woodward, Chris Brady y Tim Marks.
- Opción de leer los comentarios y dejar uno.
- Capacidad de crear una lista de favoritos para que pueda ver o escuchar algo fácilmente de nuevo.
- Una función de búsqueda que le permite buscar por formato, orador o tema.

All Grace Outreach [Alcancemos la gracia] comenzó originalmente en 1993 en Maine como «Christian Mission Services» [Servicios para la misión cristiana]. En marzo de 2007, la organización se trasladó a Michigan y el nombre fue cambiado por All Grace Outreach. All Grace Outreach es una organización de beneficencia 501(c)3, lo que significa que todas las contribuciones son deducibles de impuestos. All Grace Outreach se compromete a brindar asistencia a los más necesitados. Nuestro objetivo principal es difundir el evangelio de Jesucristo en el mundo y ayudar a los abusados, abandonados y a niños y viudas afligidos.

Misión y visión: Impactar en las vidas de los niños y mejorarlas, tanto a nivel local como mundial, y financiar los esfuerzos de Cristo por llegar a todas partes del mundo.

Aquí se menciona una parte de las organizaciones que se mantienen con sus donaciones:

Founders Ministries
A New Beginning Pregnancy Center
PLNTD
GAP Ministries
Wisdom for the Heart
Samaritan's Purse
Milwaukee Rescue Mission
Ligonier Ministries
Shepherds Theological Seminary
Zoie Sky Foundation

www.allgraceoutreach.com

Notas

Notas

Notas

Notas

Notas

Notas